KB253618

문예신서
282

키에르케고르

샤를 르 블랑

이창실 옮김

東 文 選

키에르케고르

* 본문에 나오는 키에르케고르의 텍스트는 덴마크어 키에르케고르 일기 유고 전집(Papirer)에서 인용된 것들로서, 일기 유고는 그 내용에 따라 A(일기), B(저작의 초고), C(연구, 독서 노트)로 분류된다. 예를 들어 Pap. X³ A 180은 일기 유고 전집 제10권 3분책 일기 180번을 의미한다. [역주]

Charles Le Blanc

KIERKEGAARD

차　례

연 보

1813년   5월 5일, 코펜하겐에서 쇠렌 키에르케고르 탄생. 같은
         해 바그너 · 헤벨 · 베르디 탄생.

1818년   카를 마르크스 탄생.

1820년   뮌스테르 주교를 앎.

1830년   대학 입학.

1831년   헤겔 사망.

1837년   레기네 올센을 처음으로 만남. 코펜하겐의 고등학교에
         서 잠시 라틴어를 가르침.

1838년   3월, 스승이자 친구였던 폴 묄레르 사망. 8월 8일, 키
         에르케고르의 부친 사망. 그는 큰 유산을 물려받는다.
         그리고 스스로 '대지진'이라고 칭한, 향후 그를 변화
         시키게 될 정신적 위기를 맞는다.

1840년   신학 시험에 합격(7월 2,3일). 9월 10일, 레기네 올센과
         약혼.

1841년   9월 26일, 박사 논문인 〈소크라테스와의 지속적 연관
         성 속에서 본 아이러니의 개념〉의 공개 구두 심사를 받
         음. 10월 11일, 약혼 파기, 그리고 며칠 뒤 베를린으로
         떠나 그곳에서 셸링의 강의를 듣는다(《계시의 철학》).

포이어바흐 《그리스도교의 정수》 발표.

1843년　《이것이냐 저것이냐》《두려움과 떨림》《반복》 발표. 두 번째 베를린 여행.

1844년　《철학적 단편들》《불안의 개념》 발표. 니체 탄생.

1845년　《인생 행로의 제 단계》 발표. 세번째 베를린 여행.

1846년　1월에 풍자주의 신문 《코르사르》가 키에르케고르를 공격하기 시작한다. 《철학적 단편들에 대한 비학문적인 마지막 후서》 발표. 네번째 베를린 여행.

1847년　크리스티안 7세를 수차 접견. 《사랑의 역사》 발표. 11월, 레기네 올센 F. 슐레겔과 결혼.

1849년　《죽음에 이르는 병》(《절망에 관한 개론서》) 발표. 레기네에게 자신의 행동을 설명하기 위한 편지를 보내지만, 개봉되지 않은 채 돌아옴. 스트린드베리 탄생.

1850년　재정적인 어려움을 겪기 시작. 《그리스도교의 훈련》 발표.

1851년　수차에 걸쳐 《교훈적 담화》 발표.

1854년　뮌스테르 주교 사망.

1855년　덴마크 교회, 특히 마르텐센과의 논쟁에 들어가며, 자비로 《순간》이라는 팸플릿을 발행. 3월, 레기네는 덴마크를 떠나 서인도 제도로 간다. 10월 2일, 키에르케고르는 코펜하겐 거리에서 의식을 잃는다. 빈털터리가 된 그는 11월 11일, 성체 배령을 거부한 채 사망한다.

서 문

우리 자신을 문제삼는 진리들이 있다. 이 진리들은 몹시 중요해서, 그것들 없이는 존재가 이해되지 않을 뿐 아니라 **삶도 의미가 없다.** 이 진리들은 객관적·무시간적인 **즉자적** 인생의 의미를 제공하지 않고, **주체를 위한 대자적** 의미를 제공한다. 즉 **현재, 이곳에 사는 이 구체적인 개인**이 문제시되고 있는 것이다. 존재의 불확실성과 이 존재가 직면하는 여러 **선택** 앞에서 끊임없이 영혼의 동요를 느껴야만 하는 개인이다.

즉자적인 것들에 관심을 갖고 추상적인 체계를 구축해 가는 철학적(**사변적**) 사고가, 고통받고 좌절하며 사랑하고 죽는 개인의 현실적·실존적 상황을 어떻게 고려할 수 있겠는가? 이 개인에게 진리가 단지 개념상의 문제일 수 있을까? 그보다는 쟁취해서 **자기 것으로 삼아야 할 무엇, 대자적인 진리**여야 하지 않을까? 불안정한 삶 속에 붙잡혀 있는 개인에게 중요한 진리가 과연 대학 강단에서 가르쳐질 수 있을까? 삶의 도상에서 불안과 절망의 경험을 통해 우리는 몸소 이 진리의 증인이 되어야 하는 것이 아닐까?

이것이 바로 쇠렌 키에르케고르가 확신한 바이다. 그는 지식을 획득하여 자기 것으로 삼도록 해주는 조건들을 발견코자 했다. 존재와 내면성의 요구는 물론 지성의 요구까지도 충족시키는 앎에 도달하기 위한 조건들이었다.

"나 자신에게 있어 하나뿐인 진리, 그걸 위해서 죽거나 살기를 바라는 그런 관념을 발견해야 한다."[1]

쇠렌 키에르케고르는 **체계에** 대항해 싸운다. 실존에는 체계가 없기 때문이다. 또 **관념론에** 대항해 싸운다. 실존은 실존에 대한 사고로 축소될 수 없기 때문이다. 그리고 **범신론에** 대항해 싸운다. 하나님은 헤겔의 절대 정신과 혼동될 수 없으며, 결코 철학적 관념의 변증법적 발전의 완성이 아니기 때문이다.

종교적 사상가였던 그가 보기에 당시 기독교인들은 안락한 환상에 빠져 길을 잃고 있었으므로, 작가로서 그의 모든 노력은 이 환상을 드러내는 데 집중되었다. 본질적으로 항상 혼란을 야기하고 새로운 고통을 요구하는, 획득된 기독교, 이 **진정한** 기독교가 내포하는 **십자가의 길**(via dolorosa)로 기독교인들을 데려오기 위해서였다. 또 그가 환기시키는 이 '기독교인이 되는 것'이 무엇을 의미하고 약속하는지를 그들에게 보여 주기 위해서였다. '기독교인'이라는 사실에 만족해서는 안 되며, 기독교인이 되어야 하는 것이다. 여기서 강세는 무엇보다 **되어야 한다**는 노력과 움직임에 주어진다.

때문에 그는 수다한 장르가 뒤섞인 당혹스런 저작을 통해, 자체 외에 그 무엇으로도 환원될 수 없는 존재, 유일무이성을 띤 존재

---

1) Pap. I A 75.

를 새로운 시각으로 제시하게 된다. 지식으로 측정 가능한 대상이 아닌, '초월성'의 부름을 받고 있는 미확정의 존재이다. 이 과정에서 태어난 주제 및 개념들(불안, 반어법, 자유, 책임, 선택, 진정성 등)은 엄청난 울림을 담고, 키에르케고르 자신이 바랐던 것보다 더 멀리까지 영향력을 행사하게 된다. 우리는 그를 실존주의의 아버지로 간주하며, 많은 이들이 그에게 빚진 바를 스스로——때로는 주저하며——인정한다. 가브리엘 마르셀은 물론 카를 바르트, 마르틴 하이데거, 레온 셰스토프, 엠마뉘엘 레비나스, 블라디미르 얀켈레비치를 비롯해 장 폴 사르트르에 이르기까지 다양한 예를 들 수 있다.

I

키에르케고르가 살던 시대

　본론으로 들어가기에 앞서, 루터교의 경건주의 신앙이 지배적이었던 덴마크 개신교의 역사적 배경을 살펴보기로 하자. 우선 낭만주의 성향과 사실주의 정신의 중간 지대에 있던 당시 스칸디나비아 사회 및 피히테, 셸링, 그리고 특별히 헤겔이 대표하는 사변론적 관념철학을 생각해 볼 수 있다. 그런가 하면 개인과 주체 및 주체의 단독성을 완강히 옹호했던 쇠렌 키에르케고르를 이해하려면 (이 개인은 항상 특정한 관점에서 세계를 보게끔 하는 상황에 처해 있으며, 이 상황에서 출발해 자신의 사고를 구축하고 감수성을 다듬어 나간다), 그의 삶의 주요 사건들을 반드시 짚고 넘어가야 한다. 그가 말한 '대지진,' 레기네 올센과의 약혼 파기, 덴마크 국가 교회에 대한 그의 대적 같은 사건들 말이다.

1. 역사적 · 종교적 상황

  문화적 관점에서 볼 때, 스칸디나비아는 적어도 19세기까지 독일의 변방이었다. 독일에 해당되는 것은 무엇이든 덴마크에도 해당된다고 말할 수는 없지만, 문화 및 종교심의 발전에 관한 한 매우 뚜렷한 일치점과 영향력이 발견된다. 예를 들면 교회의 고딕 장식 혹은 작은 성들의 건립에서 드러나는 15세기 건축 양식의 부흥도 르네상스 시기의 남유럽보다는 한자 동맹에 가입한 북부 독일의 도시들에서 더 많은 영감을 끌어내고 있다. 덴마크 왕국 자체도, 그 복합적인 성격으로 인해 독일 문화의 침투와 위엄을 증명하는 여러 공국(슐레스비히, 홀슈타인)을 갖고 있었다. 또한 크리스티안 2세의 파란만장한 통치 기간(1513-1523) 동안 덴마크에서는 독일에서 태어난 프로테스탄트 운동이 자연스럽게 확장되어 나갔다. 덴마크 귀족들은 개신교 편에 서서, 스웨덴에서의 패전으로 이미 약화된 왕권을 누르고 자신들의 위세를 넓혀 가기 위해 개신교를 그 수단으로 삼았다. 이런 혼란스러운 분위기——향후 상황을 이해하기 위해 중요한——속에서, 그때까지 교황의 권좌를 중심으로 덴마크의 일곱 개 주교구를 결합시켜 주었던 유대가 깨지면서, 공식적인 선언 없이 사실상 **덴마크 국가 교회**가 탄생한다.

  1536년에는 내란에서 마침내 승리를 거둔 크리스티안 3세가 왕권을 회복하기 위해 자산을 필요로 하게 된다. 그래서 교회를 재정비하여, 말하자면 왕을 수장으로 둔 국가 교회——개신교이자 루터교인——를 만든다. 그는 성직자의 재산을 **국유화**하여 자신의 자산을 네 배로 늘리는 데 성공한다. 나아가 고위·하위 성직자 모두가 국유화하여 공무원이 되며, 그리하여 소명 여부에 상관없이 국가로부터 봉급을 받는 목사의 직분을 희망하는 이들이 점차 생겨난다. 키에르케고르는 적어도 이 문제를 생각했으며, 그의 비평과 논쟁의 대부분이 덴마크의 신앙 생활——그 신학적 바탕과 교회 조직, 전례, 윤리가 마르틴 루터(1483-1546)로부터 유래한——개혁에 바쳐진다.

그가 보기에 가톨릭은 돌이킬 수 없을 만큼 그 원천으로부터 단절되어 있었다. 행위를 믿음보다 중시하는 기독교 개념과 교조주의적 신학의 낙인이 찍힌, 이제는 죽은 신앙에 불과했다. 이렇게 볼 때 종교 개혁은 신앙의 영역에 있어 **진정성**을 갈망하는 욕구의 표현이었다.

루터는 수도 생활의 서약, 신자들의 계율 준수, '면죄'(대가를 치름으로써 죄에 따르는 벌을 부분적·전면적으로 용서받을 수 있는 가능성), 성사, 그리고 더 광범위하게는 인간이 혼자 힘으로 구원을 쟁취할 수 있다고 믿게끔 만드는, 따라서 십자가에 달리신 그리스도의 희생이 지니는 의미를 약화시키는 모든 것을 문제에 부쳤다. 종교 개혁의 세 가지 골자는 이렇게 요약될 수 있겠다. 첫째는 **신앙에 의한 의인화(義認化)**, 즉 인간은 행위에 힘입어서는 결코 죄인의 조건을 벗어날 수 없으며, 그것은 오로지 신앙을 통해서만 가능하다는 것이다. 둘째는 **십자가의 신학**, 다시 말해 그리스도의 희생이야말로 인간이 구원받기 위한 단 하나의 중요한 조건이라는 것. 그리고 마지막으로 **'오직 성서로만**(sola Scriptura)'의 원칙에 따라, 성서만이 기독교 신앙과 교조의 규준이 되는 유일한 원천이라는 것이다. 그렇다면 키에르케고르가 자신의 모든 저작을 통해 말하는 것은, 프랑스 독자라면 대부분 훨씬 더 익숙해 있는 영적 환경인 가톨릭이 아니다. 종교 현상에 대한 그의 이해는 **개신교**를 통해 이루어졌던 것이다. 바로 이 개신교 한복판에서 **키에르케고르의 철학이 발판으로 삼게 될 주제들**이 찾아진다.

개인의 삶(그리고 인간의 조건이 내포하는 모든 약점들)과 신의 요구인 온전함 사이에 존재하는 불균형의 인식에서 오는 **위기의 경험**. 하나님(절대자)을 마주해 자신이 죄인임을 느끼는 개인의 상황이라는, 이 상황의 개념 및 인간 조건(나는 구원받을 것인가를 묻는)의 비극적 양상. 진리에 대한 주관적 직관[1]일 뿐 아니라 구체적인 행위라는 의미에서의 신앙의 개념. 바로 이 행위에서 출발해 인간은 그에게 어떤 의미를 부여하는 자기 고유의 존재를 결정(**선택**의 개념)한다. 타인들의 눈이라는 보편성이 아닌 단독성, 즉 **하나님 앞에서의** 단독성에 의거해서 말이다.

또 다른 중요한 요소는 **경건주의**이다.

루터의 교리로부터 탄생한 종교적 경향인 경건주의[2]는 우선 17세기 독일에 뿌리를 내렸다가 국외———덴마크를 포함해———에서

---

1) 이 점에서 뚜렷한 동일성이 찾아진다. 즉 주체가 진리라는 것. 이것은 키에르케고르의 고유한 사상이 아니며, 모든 신앙 절대주의 운동의 핵심 사상이다.

2) 카렌 블릭센의 단편 소설을 영화화한 가브리엘 악셀의 《바베트의 만찬》(1995)에서 관객은 유틀란트의 작은 마을로 옮겨진다. 이곳이 바로 키에르케고르 가족의 고향으로서, 엄격한 루터 교회가 영향력을 행사하던 곳이다. 이곳 사람들은 마을의 최연장자에 대한 기억을 여전히 간직하고 있는데, 그가 남기고 간 두 딸은 금욕·찬송·기도로 이루어진 도덕적·종교적으로 엄격한 생활을 한다. 영화에서 다루어진 시대는 키에르케고르가 살던 시대보다 좀더 나중이지만(이야기는 1871년 파리 코뮌 이후를 배경으로 전개된다), 이 영화는 경건주의 공동체에 대한 선명한 이미지를 제공해 준다.

융성한다. 경건주의는 무엇보다 사적인 종교 경험과 내적 쇄신을 중요시했다. 그리고 교회의 '관료주의화'와 종교 계율 준수의 세속화에 저항했는데, 이런 저항은 키에르케고르에게서도 찾아진다. 이 경건주의는 개인의 보다 엄격한 윤리는 물론 종교 계율 준수를 기반으로 하는 더욱 열렬한 기독교(경건성)를 요구했다. 요컨대 루터의 교리에 새로운 생명력을 불어넣는 한편, 신자들이 하나님과의 직접적인 만남(키에르케고르에게서도 볼 수 있는 절대자와의 적나라한 관계)을 통해 느끼고 체험한 신앙을 획득할 수 있기를 바랐다.

18세기, 덴마크는 스웨덴과의 전쟁으로 인해 파괴되고 몹시 피폐해지는 한편, 프레데리크 4세(1699-1730)가 농노제를 부분적으로 폐지함으로써 구시대의 사회 질서가 거부당하고 있었다. 이 모두가 덴마크에 경건주의가 확산되는 데 한몫했다.

키에르케고르 일가는 바로 경건주의가 정착되었던 유틀란트 서부의 한 마을(Seading) 출신이었다. 따라서 키에르케고르의 아버지 미카엘 페데르센도 몹시 진지하고 엄격한 종교 교육을 받게 된다. 구속자이자 부활하신 그리스도가 아니라, 골고타 위를 덮치는 폭풍과 바람의 채찍을 받으며 십자가 위에서 죽으신 피흘리는 그리스도의 이미지를 중심에 두는 기독교였다. 인류는 죄인일 수밖에 없었다. 그리스도를 죽이는 파렴치한 행동을 되풀이할 줄밖에 모르기 때문이다. 인류야말로 상처난 그리스도의 몸에 침을 뱉는 자들이다. 피, 고통, 죄악의 어둠, 고독, 영혼의 타락, 지옥의 유혹, 그리고 특히 구원의 불확실성, 이것이 키에르케고르의 아버지가 믿었고 **아들에게 전수한** 기독교였다.

　"나는 어린 시절부터, 진리는 고통을 받고 경멸과 모욕을 당할 수밖에 없다는 믿음 속에서 엄격한 교육을 받았다. […] 그리고 거짓과 야비함·부정의가 세상을 지배한다고 배웠다."

이처럼 근엄하다 못해 비인간적인 기독교의 개념이 항상 그를 따라다니게 된다.

　"이렇게 그들은 모두 그리스도를 버렸고, 제자조차 그를 부인했다. 마지막 순간까지 그에게 충실했던 자는 십자가에 달린 강도뿐이었다. 죄의식과 죽음의 상황이 이 강도를 그리스도와 하나되게 한 것이다." (**Pap. X**³ **A** 180)

기독교를 언급할 때 키에르케고르가 염두에 두는 것은 바로 이런 기독교이다. 중재자도, 여성의 형상들도, 그리고 교회도 없는 기독교이다. 또한 그가 여러 차례 주제로 삼았으며, 그에게 급진적인 신앙을 물려준 것도 바로 이 기독교였다. 그는 이 기독교를 위해 싸웠으며, 이 기독교의 이름으로 종교 쇄신을 단행코자 했다.

　양심의 찢기움, 죄악의 굴욕 및 인간의 조건인 고통에 사로잡혀 있는 내적 삶의 깊이를 키에르케고르만큼 잘 묘사한 이는 없다. 그의 사고 속에서 근본적인 역할을 담당하는 고통을 우리는 나중에 살펴보게 될 것이다. 여기서는 그가 믿었던 **엄격한 기독교**를 루터의 교리 및 경건주의 신앙과 관련지어 간략히 언급하는 데서 그치겠다.

　루터교에서 고통은 인간이 무엇인지에 대한 교의(매우 엄격한)를 뒷받침한다. 즉 원죄에 의해 타락한 세상에서 고통은 반드시 통과해야만 하는 시련, 필요 조건처럼 보인다. 그러나 신앙이 영혼에 구원으로 다가와서 고통의 시련을 이기도록 도울 수 있다. 신앙은 고통에 어떤 의미를 부여하여 부조리로부터 구해 내기 때문이다. 이처럼 신앙은 세상에 어떤 의미를 줄 수 있기에, 영원한 지복과 '구원'을 향해 돌아서는 영혼의 행위일 뿐 아니라 또한 사고의 행위이다. **신앙이란 내면의 인간을 아는 방식이다.**

그런데 신앙이 고통을 통해 유발된다면, 인간은 세속적인 삶——파스칼이 말한 **기분 전환**——으로 도피해 고통을 피할 것이 아니라, 오히려 영혼을 하나님께로 들어올리기 위해 하나님에 의해 허락된 뜻밖의 기회인 고통을 **추구**해야 한다. **그러므로 기독교인은 고통의 인간이며**, 시련이자 고난인 기독교는 하나님께 다가갈 수 있는 유일한 길이다. 그리스도가 존재의 모델이며 절대적인 진리라면, 이 진리에 따라 행동하고 이 진리로 말미암아 **정상적인 궤도로부터의 이탈**을 자청하는 이는 고통받을 수밖에 없다. 기독교인의 소명은 고통인데, 아주 젊은 시절에 이미 자기 몫의 소명을 받아들인 키에르케고르는 평생에 걸쳐 이 소명을 완수하기 위해 노력하게 된다. 그리고 이같은 기독교 개념에 내포된 요구 사항의 준엄한 논리에 따라 그는 자국의 교회와 마침내 절연한다. 키에르케고르에게 있어 기독교는 **내면성**을 의미했으므로, 세상과 맞서고 세상에 대해 이질성을 띨 수밖에 없었다.

다시 한번 강조하지만, 키에르케고르는 누가 뭐래도 종교적 사상가임이 분명하지만 그렇다고 **교훈이나 감화**를 목표로 하지는 않는다. 이런 것들은 그와는 무관한데, 이 문제에 대해서는 차후 다시 언급하기로 하겠다. 키에르케고르는 헤겔의 대적자로서 헤겔의 '체계'를 비판했지만, 이 대적은 철학적 관점이 아닌 종교적 관점에서 출발해 전개되었다. 이같은 관점으로 인해 그는 또한 국가 교회와 대립하지 않을 수 없었으며, 이 교회를 쇄신코자 하는 의지를 갖게 된다. 그리하여 그의 모든 저서는 한 가지 목적을 위해 씌어진다. 즉 '기독교의 본질을 밝힌다는 것'(Pap. X¹ A 646)이다.

그의 시도는 분명 지나치게 노골적이었으며, 그가 제시하는 길은 너무 좁다. 그가 기울인 노력에도 불구하고 종교적 쇄신을 두고 볼 때 키에르케고르가 가장 중요한 인물이 될 수 없었던 것도 그 때문이다. 이 영예는 오히려 루터교 신학자이자 시인인 그룬트비에게 돌아간다. 신학에 상당한 영향을 미쳤던 헤겔의 합리주의를 공격하고 낭만주의 철학에 맞섰던 그룬트비였지만, 키에르케고르가 피와 땀과 눈물을 예고한 데 반해, 그는 안심시키고 안도케 하였다. 키에르케고르가 고통과 희생에 큰 가치를 부여했다면, 그룬트비는 덴마크 국가 교회의 합리적 성격에 기댔다. 키에르케고르로서는 이런 '우유부단'에 유감을 표명할 수밖에 없었지만 말이다.

"우리 시대의 악은, 모든 결점을 지닌 채 존재하는 그것이 아니다. 우리 시대의 악은 정확히 말해 이 해로운 쇄신의 욕구, 아양 떨기이다. 고통을 당하지도, 희생을 치르지도 않고 쇄신코자 하는 이 불성실한 행위이다."

2. 철학적 상황

19세기 철학은 계몽주의자들의 합리주의와 낭만주의 문화의 이상주의가 충돌·대화하면서 막이 열린다.

계몽주의자들은 각 국가마다 특수한 형태를 취하면서, 18세기의 주된 철학적 조류를 형성했다. 가장 눈에 띄는 공통점은 이성에 대한 거의 무한정의 신뢰이다. 이것은 구개념들의 몽매주의(가정되거나 혹은 드러난)에 비판적 입장으로 작용하면서 **실증적인** 태도를 취한다. 과학·정치·도덕·종교 분야에 있어서 자율적인 사고를 통해 법칙과 규범을 만들어 내는 것이 이성의 역할이기 때문이다. 《무엇이 사고 속에 자리잡는가?》에서 칸트는 다음과 같이 설명한다. **"자신의 힘으로 생각한다는 것은 자신의 내면, 즉 자신의 이성 속에서 진리의 최고 척도를 찾는 것을 의미한다. 매순간 자신의 힘으로 생각하도록 명령하는 원칙이야말로 계몽주의(Aufklärung)에 대한 적절한 요약이다."** 독일의 문화적 선조이기도 한 스칸디나비아는 특히 **계몽주의**의 영향을 받는다.

계몽주의자들에게 있어 이성은 세상에 맞서 세상을 변모시킬 수 있는, 가능성의 한계를 지닌 **유한한** 힘이다. 그러나 전능한 힘이 아닌 만큼, 세상과 물(物) 자체에 부딪쳐 그것들에 진정으로 도달할 수는 없게 된다. 이미 18세기 후반에 독일에서 일었던 **질풍노도**(Sturm und Drang, 막시밀리안 클링거의 희곡명) 운동은 감정이나 신앙 등, 이성 외의 다른 길을 제시하였다. 그런데 이성을 **유한한** 힘이 아닌 **무한한** 힘——세상에 머무르며, 세상을 지배하고 형성하는——으로 보기 시작하면서 계몽주의자들과 맞서 **낭만주의**가 탄생한다. 이성이 유한한 힘에서 무한한 힘으로 넘어가는 과정은 피히테(1762-1814)에 의해 이루어진다. 그는 '자아'를 절대적 자의식으로 삼았으며, 세계는 바로 이 자의식의 산물이었다. 자아를 구성하는 이 무한의 몫에 대해 말할 때 키에르케고르는 낭만주의의 이같은 양상에 결부되어 있다.

그런데 무한의 개념은 두 가지 방식으로 해석될 수 있다.

첫째, 무한은 **절대 이성**으로 해석된다. 즉 하나의 관념, 결정지어진 것으로부터 또 다른 관념으로 단호하고도 필연적으로 나아가는 정신 운동이다. 이렇게 각각의 관념은 선재하는 관념에 필연적으로 잇따르므로, 따라서 선험적으로(**경험**에 의존하지 않고도) 추론될 수 있다. 이 첫번째 **방식**은 여러 상이한 특성에도 불구하고 피히테 · 셸링(1775-1854) · 헤겔(1770-1831)이 대표하는 **낭만적 관념주의**를 설명해 준다. 키에르케고르가 논쟁의 대상으로 삼았던 것도 바로 헤겔이다. 나중에 다시 언급하겠지만, 키에르케고르는 특히 개인을 철학적 체계의 일부로 축소시키는 행위에 대해 반박했다. 철학적 사변이 사적인 경험을 초월 · 능가할 수는 없다고 그는 주장했다.

둘째, 무한은 **감정**으로 이해된다. 경계도, 결정된 무엇도 없이 일체의 규범을 넘어서는 자유의 표현인 것이다. 이 무한은 감정과 가장 밀접한 인간 활동, 즉 예술과 종교를 통해 표현된다. 노발리스(1772-1801), 프리드리히 슐레겔(1772-1829), 슐라이어마허가 이 두번째 **방식**의 주창자들이다. 키에르케고르는 그의 미의식(美意識) 분석(§2.4.1.1 참조)에서 바로 이러한 낭만주의의 후예임이 드러난다. 그는 슐레겔을 계승하여 심미가로서의 면모를 굳힌 한 편, 음악을 순수하고 무한한 주체성으로 보았다. 그리고 낭만적 무한성을 띤 종교심은 그로 하여금 하나님과의 관계, 즉 무한한 초월성으로 이해된 관계에 있어서 급진성을 띠도록 만들었다.

낭만주의를 규정짓는 또 다른 특징은 **아이러니**인데, 이것은 키에르케고르의 저서에서 특별히 중요한 역할을 담당한다. 그의 박사 학위 논문도 이 아이러니를 주제로 삼고 있다. 감정을 중시하는 낭만주의적 입장에서 볼 때 유한한 것, 예컨대 한 편의 예술 작품——성화상——은 무한의 표출이다. 하나님을 상징하는 성화상은 무한한 개념을 물리적으로 해석한 유한한 대상이다. 이처럼 하나님이라는 개념은 무수한 방식으로 표현될 수 있다. 삼각형, 빛, 비둘기, 불타는 가시덤불 등. 그러므로 무수히 많은 표현·표출 방식을 갖는다는 것이 무한의 특징들 중 하나이며, 이처럼 표현된 것들 가운데 어느 하나도 무한의 **본질**을 설명해 주지는 못한다. 하나님이 어떤 방식으로 표현되느냐는 아무래도 좋은 문제이다. 아이러니는 바로 이 사실을 인정하는 지적 태도이다. 그것은 **무한과 그 표현 방식들 간의 불일치를 강조하며**, 무한에 대한 각각의 표현 방식들에는 크게 신경 쓰지 않는다. 아이러니는 하나의 상황을 염두에 두는 것 이상이며, 무엇보다 어떤 **정신의 상태**를 드러낸다. 즉 세상 위로 스스로를 들어올려 그 역설적 의식에 의해 모든 개념의 한계를 초월·정복함을 보여 주고자 하는 자아의 상태를 드러냄이다. 여러 대안들 중 어느 하나를 취하려 들지 않는 심미가의 태도를 키에르케고르가 묘사할 때, 이것은 아이러니스트의 태도를 묘사하는 것이다. 자신의 우월성을 인식하는 이 사람은 선택을 해

야 할 필요성을 도무지 느끼지 못하며, 따라서 **현실적인 존재를 간
과한다**. 그러고 보면 낭만주의가 자주 환상에 빠진 것도 사실이다.

낭만주의가 단순히 철학과 문학의 문제는 아니었다. 낭만주의는
일종의 문화적 분위기가 됨으로써 그 주된 영향력을 행사했다. 그
림 · 건축 · 패션 · 일상어의 용법들을 통해 구체적으로 표현되거
나, 아니면 일정한 장소와 결부되면서였다. 철학 및 문화적 경향으
로서 낭만주의가 독일에서 시작되어 점차 덴마크로 확산된 경위가
이렇게 해서 이해된다.

스칸디나비아에 독일 낭만주의를 들여놓은 이는 이에나의 낭만
주의 그룹과 접촉을 가졌던 아담 윌렌슐레게르(1779-1850)였다.
낭만주의에 대한 큰 열광의 시기(1800-1820년경)가 지난 뒤 덴마
크는 한편으로는 영국과의 전쟁에서 패함으로써, 다른 한편으로
는 1813년의 국가 파산으로 인해 시적 사실주의 경향으로 한걸음
더 나아가게 된다. 이 과정에서 주된 역할을 담당한 이는 보드빌
작가인 하이베르(J. L. Heiberg, 1791-1860)였다. 킬대학교의 덴마
크어 강사였던 그는 1822년 헤겔 철학을 '발견' 해 잇달아 덴마크
에 도입한다. 덴마크 문화의 중심 인물이었던 이 하이베르를 키에
르케고르는 자주 언급했는데, 대부분의 경우 그를 비웃기 위해서였
다. **"화창한 부활절 아침, 하이베르 교수는 헤겔의 철학을 이해하
기 위해 잠자리에서 일어났다"**라는 식으로. 하이베르는 인간의 모
든 지식을 하나의 체계 속에 가두는 극단적인 경향의 대변자였던
것이다.

우리가 지금 언급하는 시기는 1830년경이다. 신학과 철학의 상
관 관계라는 문제가 더한층 분명히 감지되었던 것은, 앞서 보았듯

이 낭만주의가 종교심에 기대고 있었기 때문이다. 예를 들어 노발리스와 프리드리히 슐레겔은 새로운 종교를 만들어 이 종교의 성서를 쓰고자 했다. 게다가 헤겔 신학의 성공은 관념주의의 승리와 신학적 사변의 발전을 의미했다. 그렇다면 키에르케고르가 격렬하게 반박했던 이 '사변철학'의 발전 과정에서 헤겔은 어떤 역할을 맡았던 것일까?

여기서 잠시 앞서 언급된 바에 대해 생각해 보기로 하자. 무한한 인간 정신은 그 유한한 본성 때문에 감지 가능한 형태로는 실현될 수 없음을 우리는 이미 보았다. 이같은 철저한 불일치를 표현키 위해 낭만주의 예술은 **아이러니**를 사용한다. 설령 작품이 이 불일치를 표현하지 못할지라도 그것은 우주적인 것에 대한 주관적 직관을 제공할 수 있다. 낭만주의 예술가들이 차지하는 큰 비중이 여기에 있다.

그런데 이 우주적인 것을 표현할 수 없다는 점, 또 무한한 것을 향한 긴장을 고통스럽게 체험해야 한다는 점, 이것이 **불행한 의식**의 운명이다. 헤겔은 이 의식을, 족쇄가 채워진 자체의 조건으로부터 해방시키고자 했다. 종교를 우주적인 것에 대한 주관적 직관으로부터 객관적 표상으로 나아가게끔 해주는 무엇으로 삼으면서 말이다.

간단히 말하면 헤겔에게 있어 인간의 산물들은 각기 분리되어 있지 않고, 예술·종교·정치 등의 영역에 속한다. 거기서 각각의 영역과 시대에 따라 이 영역과 시대를 포괄하거나 넘어서는 동일한 합리성이 현시된다. 이 영역들은 함께 모여 **의미**를 이루고 '체계'를 형성하는데, 그 발전의 법칙이 변증법이다. 그러므로 헤겔의 경우 철학을 한다는 것은, 경험적으로 한정된 그 무엇(개인, 제도, 작품)도 자체로서가 아니라 그것을 선행하거나 뒤따르는 것과의 필연적인 상관 관계 속에서 고려한다는 것이다. 현실의 어디에서나 활동중인 세 가지 순간——한정·대립·매개[3]——속에서 분명히 드러나는 변증법을 인식하는 것이다. 다시 말해 존재를 **생성**으로 보기이다.

그 한 가지 예로 나비를 들 수 있다. 우리가 현재 보고 있는 모습이 되기 이전에 나비는 애벌레(한정)였다. 그러나 나비가 되기 위해 애벌레는 번데기(대립)가 되어 고치 속에 갇혀 있어야 한다. 그리고 자연의 이치에 따라 번데기는 나비(매개)가 된다. 어떤 의미에서 나비는 애벌레와 번데기를 내포하며, 애벌레와 번데기가 죽은 것은 아니다. 나비는 그것들을 **초극된 순간**들로서 내포한다. 다시 말해 애벌레와 번데기는 절대적 현실이 아니라, 보다 고차적인 현실(나비)에 자리를 양보해야 하는 **상대적인** 현실이다. 바로 이 모델에 입각해 헤겔은 '종교'를 생각했다. 즉 종교는 한정된 어떤 종교에서 또 다른 한정된 의식과 종교로 넘어가며, 인간들로 하여금 신을 수단으로 여기게끔 가르친다. 이 의식과 종교의 마지막 단계에 도달하기 이전에 우주적인 것을 추구할 수 있도록 해주는 수단으로 말이다. 이 마지막 단계에서 마주치게 되는 것은 계시된 종교, 즉 육화하고 십자가에 못 박힌 예수의 종교로서, 시나이 산에서 내려진 계시의 정당성을 예수는 그의 희생으로써 증명했다고 본다.

---

3) 이 세 가지는 정·반·합의 형태로 더 잘 알려져 있다.

헤겔은 종교적 현상이 다양한 매개를 거치도록 하는데(제의→한
정된 종교→계시된 종교와 그에 따른 보편성→특수성→유일성), 이
것들은 종교를 합리화시키면서 그 유보적인 의미와 부름의 힘을
제한시키게 된다. 키에르케고르는 이것을 방종이자 추문으로 규정
했다. 헤겔의 목표는 종교를 싸잡아 '초극된' 것으로 해석하는 것
이었기 때문이다. 그리고 철학은 절대 지식(철학적)에 도달하기 위
한 것이었다.

당시 덴마크 사회에서는 헤겔의 사변철학이 신학을 잠식한 상태
였다. 그것은 **계몽주의**의 합리주의적 유산과 낭만적 감상주의가
일치될 수 있도록 해주었다. 키에르케고르가 강의를 들었던 코펜
하겐대학의 교수 시베른(**F. C. Sibbern**, 1785-1872)은 헤겔의 사변
철학에서 영감을 얻어——주저하면서도——기독교를 가르친 이
들 가운데 한 명이었다. 마르텐센(1808-1884)도 마찬가지였다. 그
는 키에르케고르를 혐오했으며, 키에르케고르 역시 그에게 강력히
맞섰다. 마르텐센에 따르면, 그 시대의 과제는 기독교와 철학의 합
일을 완수하는 것이었다. 그는 사변적인 교조가 이성 안에 신앙을
세우고 '계시'를 낱낱이 파고들 수 있다고 보았다. **키에르케고르
가 시도한 반성의 출발점이 바로 여기에 있다.**

키에르케고르는 스승이자 친구였던 폴 묄레르(1794-1838)의 영
향을 받아, 기독교를 논리적 필연성에 의해 지배당하는 체계로 축
소시키는 데 대해 일찌감치 항변하였다. 키에르케고르는 매개라는
변증법적 사변에 하나님·자연, 영원한 것·일시적인 것, 유한한
것·무한한 것의 절대적인 분리를 대치시킨다. 그리고 '삼위일체'
의 신비가 그 불투명성을 잃도록 내버려두지 않았다. 이 신비가 헤

겔의 변증법적 발전 속에서 객관적인 설명을 찾아냄을 인정할 수 없었다. 시간 속에서 이루어진 하나님의 계시는 이성으로는 결코 간파할 수 없는 **모순**이라고 보았다. 키에르케고르의 언어 용례에서 모순은 유한한 정신과 무한한 진리 사이의 **관계**를 표현한다.

이상이 바로 키에르케고르 철학이 형성되는 데 기초가 되어 주었던 몇 가지 요소들이다. 키에르케고르의 사상은 단순히 낭만주의에 맞선다거나 혹은 철학에 헤겔주의를 적용시키는 데 대해 반대하는 사상이 아니다. 그것은 분명한 목표를 지향하는 적극적인 사고이다. 즉 진리의 주관적 획득 및 사고하는 사람이 '두려움과 떨림' 속에 감당해야 하는 역할——**진리의 증인**이라는, 위험을 내포하는 역할——의 구축이다.

3. 실존적 상황

1848년 《일기》에 키에르케고르는 "**하나님은 나에게 수수께끼처럼 살 힘을 주셨다**"라고 적고 있다. 실제로 그의 저서가 이 사실을 증거한다. 즉 철학이 신학과 뒤섞이며, 시가 메마른 이론적 설명을 감싸고, 감화를 주는 진리와 이성의 진리——사고와 실존이 복잡하게 얽힌——가 팽팽한 긴장을 유지하고 있는 것이다.

대지진

　쇠렌 키에르케고르라는 인간을 특징짓는 결정적인 사건들은 모두 그의 아버지 미카엘 페데르센 키에르케고르와 연관이 있다. 어머니에 대한 언급은 찾을 수 없다.

　북서풍이 끊임없이 휘몰아치며 기분 나쁜 안개비가 스멀스멀 스며드는 황량한 땅, 풀 한 포기 찾기 힘든 곳, 석회 칠한 목재 골조에다 초가지붕을 얹은 농부들의 집, 변함없이 음산한 북유럽의 잿빛 하늘, 주민들의 호전성과 팽팽히 맞서는 척박한 땅. 이곳이 바로 유틀란트였으며, 키에르케고르의 아버지가 목동으로 젊은 시절을 보냈던 곳이다. 삶의 가혹함이 더한층 뼈저리게 느껴지던 어느 날, 소년은 하늘을 향해 주먹을 쳐들어 보이며 하나님을 저주했다. 자신을 그토록 잔인한 상황에 처하도록 만든 하나님의 불공평하심을 원망하며 말이다. 이 사건을 그는 나중에 아들에게 이야기한다.

　얼마 안 가 그는 이 혐오스런 땅을 떠나 코펜하겐으로 가게 된다. 그의 나이 12세였다. 거기서 그는 양품상인 삼촌의 견습생이 된다. 운명의 신이 그의 편을 들어, 40세에 이르러서는 **양품 및 식료품 상인**으로 부를 축적하고 사업에서 물러나 자기 자신과 가족을 돌보는 데 전념한다. 그는 아내를 잃게 되지만, 슬퍼할 틈도 없이 곧 하녀와 재혼해 일곱 명의 자녀를 얻는데, 쇠렌은 그 막내였다. 이때 그의 나이가 57세였으니까, 이 아들이 그에게는 '늘그막에 얻은' 자식이었다. 그리고 성공적인 주식 투기로 그는 더 많은 부를

거머쥐게 된다. 파산에 처한 국가는 고전을 면치 못하고 있었지만
말이다.

사업에서 물러난 아버지는 쉴새없이 명상에 잠긴다. 모라비아 형
제단의 설교와 엄격하고 까다로운 루터교의 영향하에 있었던 젊
은 시절의 종교가 내면에 깃들어 있다가 그의 사색에 끼어들었다.
그가 유지하고 있던 살롱에서는 '충족 이유'나 '절대' '역설' '구
원' '초월성'이 논의되었다. 이 살롱에서 중요한 위치를 차지했던
사람은 노트르담의 대목(代牧)이었던 뮌스테르(1775-1854) 목사였
는데, 그는 나중에 덴마크 기독교의 중심 인물이 된다. 낭만적 사
상의 교육을 받은 뮌스테르는, 당시 신학적 조류에서 윤곽을 드러
내기 시작한 헤겔주의 경향에 맞서 싸우고 있었다. 아버지는 자신
의 친구이자 영적 지도자였던 뮌스테르의 가르침으로 아들을 교
육시켰으며, 따라서 어린 쇠렌은 이 신학적 논쟁의 발전 과정을 조
심스럽게 접할 수 있었다. 물론 그것들을 정확히 이해했다고는 할
수 없지만 말이다.

그런데 미카엘 페데르센 키에르케고르는 자신이 거둔 성공에도
불구하고(아니면 성공 때문에) 우울증에 빠졌다. 그의 종교는 그에
게 '구원'의 불확실성과, 십자가에 못 박힌 그리스도에게 침을 뱉
은 비열한 인간성에 대해 가르쳤다. 그가 하늘에 대고 저주했을 때
그 자신 역시 똑같은 행동을 한 것은 아니었을까? 그러나 노년에
얻은 이 아들이 비슷한 잘못을 범해서는 안 되었다. 이렇게 해서
일찌감치 어린 쇠렌은 아버지가 주도권을 쥔 엄격한 종교 교육을
받게 된다. 심판의 두려움과 구원의 불확실성, 세상에 대한 경멸,
피 흘리고 고통받는 그리스도의 사건이 크게 강조된 교육이었다.

나아가 이 늙은 아버지는 아들의 교육을 직접 맡기로 결심한다. 그래서 뮌스테르 목사의 설교와 성서의 구절들을 암송하고 베껴 쓰게 했으며, 자신의 도덕적 불안을 아들에게 물려 주었다. 결국 자신이 과거에 범한 과오의 짐을 아이에게 지운 것이 틀림없다. 나중에 다시 언급하겠지만, 그가 직접 고백하지 않은 또 다른 잘못을 포함해서 말이다. 그런가 하면 그는 아들과 아주 독특한 놀이를 하며 즐겼다. 두 사람이 함께 상상 속에서 코펜하겐 거리를 가로지르며 산책을 하는 것이다.

"그들은 도시를 벗어나 인근 별장으로, 혹은 해안을 따라 걷거나 거리를 한가로이 산책했다. (…) 이렇게 마음속에서 오가는 동안 아버지는 자신이 보는 모든 것을 이야기해 주었다. (…) 언제나 너무도 정확하고 생생하며, 낱낱의 세부 사항에서 현재 진행되고 있는 듯 묘사된 이야기였다. (…)"

아버지의 이런 마술적인 재능을 쇠렌은 머지않아 습득한다. 그것은 또한 그의 문학적 소양에 영향을 미친다.

그러나 아버지는 어김없이 본디의 우울한 상태로 돌아왔으며, 아들은 이것으로부터도 영향을 받는다. 어린 키에르케고르는 이미 노인과 같았다. 체호프처럼 그 역시 자신에게는 어린 시절이 없었다고 말할 수 있었을 것이다.

"나는 사색으로 곧장 돌입했다. 나이를 먹으며 조금씩 사색을 배워 간 것이 아니다. 요컨대 나는 처음부터 끝까지 사색 자체였다."

얼마 안 가 쇠렌은 형들과 손위누이들, 어머니를 잃었고, 아버지는 하나님이 그에게 복수를 하는 것이라고 확신했다. 영원에 맞섰던 그의 절규를 하나님이 들으셔서, 60년이 지나 이 절규가 되돌아오게 된 것이다. "그 자신의 모든 소망 위로 우뚝 선 십자가처럼" 이 불운한 노인은 자녀들보다 더 오래 살아남아야 했다.

아버지는 늘그막에 얻은 아들에게 종종 이렇게 말했다. **"절망 속에 소리 없이 사라지는 가엾은 아이"**라고. 이처럼 속수무책의 불안 속에서 키에르케고르는 성인이 된다. 그러던 어느 날 술에 취한 아버지에게서 비밀을 듣는다. 끔찍하고도 돌이킬 수 없는 순간이었다.

"그리고 대지진이, 무서운 전복이 일어나, 일체의 현상에 대해 오류 없는 해석을 내리게끔 하는 새로운 법칙을 내게 부과했다. 이렇게 해서 나는 아버지의 노령이 하나님의 축복이라기보다 저주라는 사실을 감지했다. 또 우리 가족의 탁월한 지적 소양 역시 단지 서로를 근절시키기 위한 것이었음을. 그렇게 나는 죽음과 같은 침묵이 내 주위에 퍼져 감을 느꼈다(…)."

키에르케고르의 삶에서 중요한 사건이었던 이 '대지진'을 두고 평단에서는 의견이 엇갈린다. 이 '대지진'은 쇠렌이 아버지의 그 무서운 저주를 알게 된 뒤가 아니라, 또 다른 중대한 과오를 알고 나서 있었다고 보는 입장이 공존한다. 즉 키에르케고르는 아버지로부터 직접 다음의 사실을 듣게 된 것이다. 첫번째 부인의 생존 당시 이미 아버지가 자신의 하녀(쇠렌의 어머니)를 범했다는 사실이다.

키에르케고르는 자신이 35세 이상 생존하지 못하리라고 확신했다. 그래서 그는 **생활 방식을 바꾼다**. 1834년에서 1836-37년 사이에 젊은 대학생이었던 그는 문란한 생활 속으로 몸을 던진다. 외모로 보나 도덕적으로 보나 그는 댄디의 생활 방식을 좇았고 빚을 지고 방탕에 빠져드는데, 그 흔적을 우리는 그의 저서 속에서 찾을 수 있다. 그는 모차르트의 〈돈 조반니〉를 통해 일체의 감수성이 일깨워지는 경험을 하며, 모차르트의 음악이 온갖 육체적·지적 쾌락으로 그의 발견을 북돋는다. 그는 경박하고 진지하지 못한 태도로 도락가 행세를 했으며, 재치와 언변으로 사람들의 마음을 사로잡는다. 그리고 1831년부터 평생에 걸쳐 쓰게 되는 일기 속에 그의 영혼이 느끼는 불안과 영적 좌절감을 쏟아붓게 된다.

'대지진'——그 시발점이 무엇이든간에[4]——은 아버지의 과도한 영성으로 인해 오래전부터 준비되어 온 사건이었다. 그리고 이에 따른 계시로 말미암아 키에르케고르의 인생관이 완전히 바뀌게 된다. 여기서 이미 **도약**이라는, 즉 세상을 보고 느끼고 이해하는 방식의 철저한 변화라는 키에르케고르의 이론이 예기된다.

이 계시를 통해 그는 불안과 좌절을 구체적으로 체험하지만, 동시에 내면의 명상으로 빠져들면서 은총의 가능성을 엿보게 된다. 바로 1838년 5월 19일, 키에르케고르는 '형언할 수 없는 기쁨'을 맛보는데, 이것은 파스칼이 '회고록'에 적고 있는 체험에 비견될 만한 온전히 신비주의적인 체험이었다.

---

4) 이 사건 이후 키에르케고르가 취한 행동을 통해, 부친의 '성적' 과오를 짐작해 볼 수 있다.

살에 박힌 가시

미카엘 페데르센 키에르케고르는 이틀 동안 임종의 고통을 치른 뒤 1838년 8월 8일에 숨을 거두었다.

"아버지가 돌아가셨다. (…) 몇 년만 더 사셨더라면 얼마나 좋았을까. 아버지의 죽음은 나에 대한 사랑을 위해 아버지가 할 수 있었던 최고의 희생처럼 보인다. 그것은 나로부터의 분리이기는커녕 나를 위해 행해진 것이었다. 가능하다면 삶이 내게 아직 어떤 의미를 지닐 수 있도록 하기 위해 말이다."(Pap. II A 243)

아버지는 죽었지만 키에르케고르는 해방감을 느끼지 못한다. 오히려 정반대였다. 아버지가 아들을 대신해서 희생을 치렀으나 이제 아들이 삶에 대한 의무를 짊어져야 했다. 쇠렌에게는 사명이 주어졌다. 운명은 그를 별도로 떼어두어 예외적인 존재로 삼았다.

1837년 5월, 키에르케고르는 레기네 올센이라는 처녀를 알게 된다. 이 만남은 그의 존재와 저술에 영원한 흔적을 남긴다. 1839년 2월 2일자 일기의 기록에서 우리는 그가 얼마나 깊은 사랑에 빠졌는지를 읽을 수 있다.

"내 가슴속 가장 은밀한 곳에 숨겨진, 내 마음의 여왕(레지나)인 그대……."(Pap. II A 347)

초상의 슬픔과 더불어 학업이 지속되던 내내 레기네의 영상이 그의 곁을 떠나지 않았음이 분명하다. 그러나 아버지에게 한 약속을 지켜 그는 1840년 7월 3일 '칭찬받을 만함(laudabilis)' 이라는 평점으로 학위를 취득한다.

그후 키에르케고르는 레기네와 약혼한다. 《유혹자의 일기》에서 우리는 키에르케고르가 어떻게 레기네의 구혼자였던 프리츠 슐레겔[5]을 물리치고 그녀의 마음을 사로잡을 수 있었는지, 그 과정을 읽게 된다. 이 당시에 약혼은 매우 중요한 사건이었다. 그러므로 약속을 깨는 쪽은 사람들의 빈축을 사게 마련이었으며, 무엇보다 그것은 버림받은 편의 명예를 해치는 행동이었다. 키에르케고르도 이 사실을 알고 있었다. 그러나 아이러니에 대한 논문을 작성하는 동안 그는 레기네와의 관계를 청산하기로 마음먹는다.

이렇게 1840년에서 1841년 7월까지 키에르케고르는 박사 논문 (Magister Artium)을 쓴다. 여기서 그는 독창성을 발휘하여 아이러니의 개념을 관념적 체계가 아닌 한 **인물**, 즉 소크라테스와 관련지어 다룬다. 이 아이러니의 개념은 잇달아 형성되는 그의 개인주의적 실존철학의 첫번째 고리를 이룬다. 이 논문은 그리스와 낭만주의 철학에 대한 탄탄한 지식으로 이루어진 키에르케고르의 철학적 교양을 증명해 준다. 그러나 그의 저서에서 자주 언급되는 헤겔의 경우를 두고 볼 때, 우리가 구할 수 있는 키에르케고르의 단편적인 저술들과 일부 사색들로 미루어 보건대 그가 헤겔을 완벽히 이해했다고는 볼 수 없다. 하지만 중요한 점은 그가 아이러니에 대

---

5) 동명의 독일 철학자와 혼동하지 말 것.

한 낭만주의적 개념(특히 프리드리히 슐레겔의)에 반대 입장을 취했다는 사실이다. 그리고 소크라테스의 아이러니에 동조하면서도 기독교적 관점에서 용납하기 어려운 그의 니힐리즘에는 반대한다.

1841년 1월에 키에르케고르는 코펜하겐의 한 교회에서 첫 설교를 한다. 그러나 이 경험은 그다지 성공적이지 못했다. 그는 자신의 소심한 성격과 가냘픈 목소리 때문에 설교자가 되기는 어려우리라는 사실을 이해했다. 1841년 7월, 논문이 통과된 뒤 키에르케고르는 레기네에게 약혼반지를 돌려보낸다. 그리고 9월 29일 논문의 공개 구두 심사를 받은 다음, 추문을 진정시키기 위해 베를린으로 피신한다. 그렇다면 그는 왜 레기네와의 파혼을 감행한 것일까?

키에르케고르는 물론 레기네 올센을 사랑했다. 그의 모든 작품 속에는 그녀의 존재가 숨쉬고 있다. 그러나 어떤 분명치 않은 이유, 키에르케고르 자신이 모호함을 부채질한 이유로 인해 사실상 그는 한번도 결혼을 진지하게 고려해 본 적이 없었다.

"그녀와 함께 산다는 것, 이 말이 담고 있는 안정과 신뢰의 의미에 온전히 부합하는 삶을 나는 한번도 꿈꾸어 본 적이 없다." (Pap. Ⅲ A 166)

키에르케고르는 자기 자신을 직접적으로 타인에게 여는 데——결혼은 그것을 강요했다——늘 어려움을 겪은 듯싶은데, '대지진'과 아버지의 '희생' 에 대해 기억하고 있었던 키에르케고르는 자신의 욕구 앞에서 어쩌면 불편함을 느꼈을 수 있다. 티없이 명랑한

처녀 레기네를 자신의 황량한 영적 세계 속으로 들여놓는다는 사
실을 두고 불안감에 사로잡혔을 수도 있다.

　일기에 그는 다음과 같이 적고 있다.

　"나는 그녀에게 끔찍한 일들을 가르쳐 주게 될 것이다. 나와 아버
　지의 관계, 그의 우울증, 그곳에 감도는 영원한 밤, 나의 방황과 욕
　망, 무절제."

　그는 레기네와의 결혼이 불가능하다고 느꼈다. 임종의 침상에서
그는 이 **살에 박힌 가시**에 대해 이렇게 말한다.

　"내 살 속에는 사도 바울과 마찬가지로 가시가 박혀 있다. 때문에
　나는 정상적인 사람들의 범주 속으로 들어갈 수가 없다. 결국 나는
　비정상의 과업을 떠맡고 있다는 결론에 이르렀다. 이것이 바로 나
　와 레기네 사이를 가로막는 장벽이다. 나는 이러한 상황이 바뀔 수
　있다고 믿었지만, 그건 불가능했다. 내가 그녀와 파혼한 것도 그 때
　문이다."

　이 '살에 박힌 가시,' 즉 정욕과 그에 대해 앞당겨 행해진 속죄
——키에르케고르는 죄를 짓기도 전에 고통을 받았기 때문이다
——라는 아버지의 유산은 그가 타인과, 특히 정숙한 여성과 관계
를 맺지 못하도록 막았다. 게다가 아버지가 그를 위해 '희생'한 만
큼, 이제 '이 희생에 보답하기 위해' 그가 희생을 치러야 했다. 이
번에는 기독교를 위해서였다.

이 희생은 다름 아니라 결혼을 하지 않는 것, 삶 속에서 어떤 보편적인 자리도 차지하지 않는 것이었다. 키에르케고르는 레기네 올센에게 어떻게 자신의 **상황**을 이해시켜야 할지 알 수 없었다. 그녀는 불공평하고 잔인하게 여겨지는 그의 결정을 인정하고 싶어하지 않았기 때문이다.

결국 키에르케고르는 레기네 자신이 파혼을 원하게끔, 그래야 할 필요성을 느끼게끔 행동하기로 마음먹는다. 그때 레기네의 구혼자였던 프리츠 슐레겔이 다시 나타났으며, 그녀는 1843년에 그와 약혼한다.

이 파혼의 시련을 통해 키에르케고르가 삶에 대해, 또 자신의 운명——예외적인 것으로 그 윤곽이 드러난——에 대해 보다 깊은 사색으로 빠져들어갔음을 짐작할 수 있다. **미확정된** 개방성인 삶 속에서, 여러 **가능성** 앞에서 그는 자신의 **자유**를 행사한 것이었다. 감정의 측면에서, 또한 스스로에 대한 판단과 타인의 판단을 두고 볼 때 희생이 따르는 불편하고 힘든 **선택**을 함으로써.

작가, 그리고 철학자

1841년 10월말에 키에르케고르는 베를린으로 향한다. 거기서 그는 자신의 선택이 지니는 의미와 결과에 대해 숙고하며, 자기가 처한 **상황**에 대해 묻는다. 그리고 일기에 다음과 같이 쓴다.

"나의 잘못은 믿음이 없다는 것이었다. 하나님에게는 모든 것이

가능하다는 믿음이. 그렇다면 하나님을 믿는 것과 시험하는 것 간의 경계는 어디에 있을까? 그래도 그를 사랑하지 않는 잘못을 범한 적은 한번도 없었다."**(Pap. III A** 166)

그는 감당키 어려운 자신의 운명을, 하나님과 그를 이어 주는 **'눈물의 조약'**으로 보았다. 그리고 특별히 고통 속에서 존재의 제4차원, 즉 그에게 진정한 의미를 제공하는 차원을 보게 된다.

베를린에서 키에르케고르는 모차르트의 〈돈 조반니〉──아버지의 형상이 지배적인──를 들으러 극장에 간다. 그리고 1841년 11월에서 1842년 2월까지 셸링의 강의(바쿠닌과 엥겔스도 청중석에 있었던)를 듣는다. 헤겔의 존재론에 대하여 매우 비판적인 셸링의 실증철학이 **"헤겔에게서는 찾아볼 수 없었던 현실에 대해 설명해 줄 것을 기대하면서."**[6] 이렇게 듣게 된 강의에 대해 처음에 그는 열광하지만,[7] 곧 등을 돌리고 만다. 현실──그리고 현실이 철학과 맺고 있는 관계──을 표방하는 듯싶었던 그의 강의가 현실과는 동떨어진 채 지켜지지 못한 달콤한 철학적 약속에 불과하다고 여겨졌기 때문이다.[8] 그렇긴 해도 셸링의 강의에서 주목할 만한 내용이 있었다면, 의식은 절대 순수의 상태에서 '앎'을 향한 여

---

6) 카를 로위스, 〈헤겔에서 니체까지〉, **Gallimard** 1969, p.186.

7) "셸링의 두번째 강의를 듣고 나서 이루 형언할 수 없는 기쁨을 맛보았다. 나는 아주 오랫동안 한숨지어 왔으며, 내 안의 생각들도 그랬었다. 그런데 그가 현실이라는 단어를 발설하자 내 생각 속의 아이가 내 안에서 기쁨으로 뛰놀았다. 마치 예전에 엘리사벳(키에르케고르의 어머니)의 아이가 뛰놀았듯이. 이 순간 이후 그의 입에서 나온 모든 말을 나는 낱낱이 기억한다. 아마도 여기서 진리가 찾아들리라. 내가 겪는 괴로움, 철학적 고통을 상기시키는 이 독특한 단어로부터 말이다." 《키에르케고르의 일기》(**III A** 179), 카를 로위스의 인용, p.186.

행을 기도하지는 않으며, 오히려 그런 여행을 기도하는 것은 동요하는 불안한 의식이라는 점이다. 코펜하겐에서 한바탕 일었던 소용돌이가 가라앉았다고 생각되자 그는 집으로 돌아와 고독 속으로 침잠해 연구에 몰두한다.

1843년 겨울, 키에르케고르는 두 편의 종교적 강론을 출판하는데, 다른 강론들과 마찬가지로 아버지에게 바쳐진 이 강론들은 세간의 주목을 받지 못한다. 교양 있는 대중의 관심은 대신 한 이상한 책에 쏠렸다. A와 B라는 신비로운 글로 이루어진, 빅토르 에레미타라는 자가 출판한 책이었다.

《이것이냐 저것이냐》는 철학사에서 둘로 뚜렷이 구분되는 키에르케고르의 공식적인 등장을 가리킨다. 그의 다른 모든 철학 저서와 마찬가지로 가명으로 발표된 《이것이냐 저것이냐》는 존재의 단계들 중 두 철학적 단계를 제시한다. 즉 심미적 단계와 윤리적 단계이다. 이 책 속에는 특히 《유혹자의 일기》라는, 당시로서는 사람들의 빈축을 살 만한 묘한 이야기가 들어 있다. 이 글을 통해 우리는 레기네 올센과 키에르케고르의 관계가 어떠했는지에 대한 적잖은 정보를 암암리에 제공받는다. 이 책은 즉각적인 성공을 거두며, 이때부터 그의 방대한 창작의 시기가 시작된다. 잇달아 그는 상당량의 저서를 내놓게 된다. 철학과 서정성, 종교적 반성과 변증법, 설명과 서술이 결합된 드문 시도가 이루어진 저서들이었다.

---

8) "나로선 한 모금도 삼키고 싶지 않은 것을 조금씩 억지로 받아들일 만큼 시간이 남아돌지는 않습니다. 그런 강의를 듣기에 나는 너무 늙었고, 셸링도 그런 강의를 하기엔 너무 늙었지요. '힘'(잠재력)에 대한 그의 모든 신조는 그의 전적인 '무능'을 드러냈습니다." 페테르(키에르케고르의 형)에게 보낸 편지, 1842년 2월 27일자, **Id. p.**187.

6년이라는 짧은 기간 동안 다음의 책들이 출판된다. 즉 《두려움과 떨림》(1843년 10월), 《반복》(id.), 《철학적 단편들》(1844년 6월), 《불안의 개념》(id.), 《인생 행로의 제 단계》(1845년 4월), 《철학적 단편들에 대한 비학문적인 마지막 후서》(1846년 2월), 《사랑의 역사》(1847년 9월), 《아들레르에 대한 세 가지 버전의 책》(1847년 12월, 미간행), 《죽음에 이르는 병》(혹은 《절망에 대한 개론》, 1849년 7월) 등이다. 철학사에서 유례를 찾을 수 없는 이런 다량의 창작물——제목을 일일이 열거하기도 힘든——은 대부분 다양한 가명으로 발표되었으나(우리는 나중에 이 '가명'의 역할에 대해 살펴볼 것이다), 키에르케고르는 본명으로 스무 편 이상의 강론을 발표하는 한편(《교훈적 담화》), 일기를 계속 써나간다!

1844년에서 1849년에 걸친 시기는 그의 삶의 절정기처럼 보인다. 1845년 이후, 자신의 과업이 완수되었다고 믿은 그는 목사가 될 생각을 한다. 물론 이 계획은 실현되지 않았지만 말이다.

키에르케고르는 아버지로부터 물려받은 부를 향유한다. 그래서 자신의 초고를 정서해 주는 비서를 두는 한편, 스스로에게 관대하여 사치스런 생활을 마다하지 않는다. 값비싼 포도주, 미식가의 식단, 최신 유행의 복장, 여행, 그리고 1846년 5월에 다시 베를린에 체류하는 등. 그는 물질적 안락에 힘입어 사색의 작업에 불가결한 독립과 자유를 확보하며, 자비로 출판을 한다. 키에르케고르는 코펜하겐에서 유명 인사가 되었으며, 때론 크리스티안 7세와 회견을 갖기도 했다. 하지만 그가 늘 선호했던 것은 상인, 빵가게 주인, 하역 인부, 술래잡기를 하는 아이들 등, 평범한 사람들과의 접촉이었다. 그러나 그는 끊임없이 우울증에 시달리며 불안에 잠식당하는데, 일기에서 그 흔적을 찾을 수 있다.

《코르사르》

1848년, 자유주의 사상에 대한 열광의 분위기에 편승했던 풍자 신문 《코르사르》는 코펜하겐 시민들의 지지를 얻고 있었다. "각자 **맡은 바 임무를 완수하며 국가에 봉사하는 명망 있는 온화한 인물들**"을 《코르사르》는 마음껏 조롱했다. 그런데 이 신문이 키에르케고르를 찬미하는 기사를 썼으므로 그는 자신이 이 조롱에, 사고의 '대중화' 노력에 가담하고 있다는 인상을 주지 않을까 우려했다. 그러던 중 신문의 한 편집인이 발표한 연구 논문이 그를 화나게 만들었다. 이 논문은 《이것이냐 저것이냐》와 《인생 행로의 제 단계》의 심미적 부분에서 드러나는 저자의 탁월한 재능을 찬미하면서도, 키에르케고르의 요체라 할 만한 윤리적·종교적 탈선을 한탄하는 내용을 담고 있었다. 도덕적 품위를 잃지 않았던 키에르케고르는 결국 《코르사르》의 웃음거리가 되기를 자청한다.

키에르케고르가 바란 대로 《코르사르》는 그를 맹렬히 공격한다. 그의 옷차림, 지나치게 짧은 바지, 지팡이……. 이 모두가 표적이 되어, 거리로 한 발짝만 나가도 그는 웃음거리가 되곤 했다. 언론이 표현의 자유를 비롯해 진리를 보증하는 수단으로 여겨지던 사회인 만큼 키에르케고르에게 쏟아졌을 비난의 눈총은 가히 짐작이 가고도 남는다.

스스로 자초한 이 일화를 통해 키에르케고르는 자신이 맡은 순교자로서의 역할을 확신하게 된 것 같다. 아버지와 가족이 범한 죄를 씻기 위해 자신이 고통을 받아야 한다는, 분명한 확신을 갖게 된 것이다. 당시 연극 무대에는 쇠렌 토르프(이 이름이 암시하는 바는 분명했다)라는 멍청한 철학자가 등장하는 희극이 올려지고 있었다. 그런데 유감스럽게도 이 작품은 평판이 나빴던데다 우스꽝스럽고 터무니없는 내용을 담고 있어 독자들의 이해를 요하지도 않았다.

그리하여 더없이 가혹한 고립 상태에 놓이게 된 키에르케고르는 설상가상으로 레기네 올센과 프리츠 슐레겔의 결혼 소식을 듣는다. 키에르케고르는 그녀의 마음이 변함없이 그에게 속해 있기를, 그녀 역시 위로받을 길 없는 고통 속에서 그녀 몫의 희생을 감수하기를 남몰래 바랐던 터였다. 그래서 그는 그녀를 다시 만나 보려고 애썼지만, 그녀의 아버지와 남편으로부터 거절당한다(1849년 11월). 키에르케고르에게 있어서 레기네와의 관계는 진정한 집착이 되어, 몇몇 종교적 담화를 통해 그 배출구를 찾게 된다. 여기서 그의 옛 약혼녀는 복음의 다양한 형상으로 소개된다.

그는 또한 철학을 바탕으로 한 우정에 있어서도 실패를 맛보아야 했다. 베를린에서 돌아온 그는, 헤겔학파의 젊은 윤리철학 교수였던 라스무스 닐센(1809-1884)과 관계를 맺게 된다. 헤겔 철학에 환멸을 느끼고 있었던 이 철학자에게 키에르케고르는 가명의 신비를 가르친 뒤 자신의 저서가 지닌 복잡한 통일성을 엿볼 수 있도록 했다. 그런 다음에 가명으로 한 기사를 발표하면서 닐센에게 덫을 놓았는데, 닐센은 이 기사가 그가 쓴 것임을 알아채지 못했다. 키에르케고르는 자신이 혼자이며 이해받지 못한다는 사실을 더욱 뼈저리게 느꼈으며, 그후 닐센과는 소원한 사이가 되어 버린다.

그리고 그는 다시 글쓰기에 몰두한다.

아들레르 사건

《코르사르》 일화에서 보면, 키에르케고르는 이 풍자 신문을 공격하면서 기독교 윤리의 옹호자임을 자처한다. 하지만 교회는 침묵을 지켰으며, 키에르케고르는 자신이 버림받았다고 느낀다.

여기서 그는 확신케 된다. 즉 덴마크 국가가 신봉하는 루터교는 아버지가 그에게 가르쳤던 그 엄격한 종교가 아니며, 기독교의 진리와는 상관없는 세상과의 대대적인 타협이라는 사실을 말이다. 절대 진리는 합의의 대상이 될 수 없다고, 그는 말하게 된다. 그렇다면 그는 개혁자의 역할을 감당할 것이었다. 체제나 기관을 변화·쇄신시키는 자가 아니라, 그보다는 의식을 깨어나게 하고, 존재의 비극성을 가르치며, 일체의 도덕적·종교적 요구 사항들과 이상(理想)의 명예를 되찾아 주는 자의 역할이었다. 그러려면 내면의 진리라는 논리에 죽기까지 복종하기 위해 희생할 준비가 된 이례적인 인간, **순교자**가 될 각오가 되어 있어야 했다. 키에르케고르는 자신을 공공연히 모범으로 내세우지 않았지만, 분명히 확신하는 바가 있었다. 즉 그의 소신대로 기독교 개혁이 이루어지려면 자신의 투쟁과 희생이 꼭 필요하다는 것이었다.

공식적인 교회가 아들레르 목사를 규탄하는 것을 보고 키에르케고르는 조직화된 기독교야말로 기독교 자체에 주요 장벽으로 작용하게 되었음을 확인한다. 기독교의 진리를 구체적인 산 체험으로 증거해야 할 의무를 가로막는 족쇄가 된 것이다. 우수한 성적으로 학업을 마친 아들레르는 목사직을 맡기 위해 필요한 여러 의무 사항들을 순종적으로 성실히 이행하며, 그리하여 국가 교회로부터 도움과 지지를 받는다. 말하자면 공무원이 된 것이다. 그러던 어느 날, 그는 신(?)의 계시를 받고, 진정으로 '기독교인이 되기'를 바라며 교회의 규범들을 무시하게 된다. 결국 그는 '망상가'의 낙인이 찍혀 교회로부터 제명당한다.

키에르케고르는 아들레르 사건에 오랫동안 관심을 가졌으며, 그에 대해 책을 쓰기도 했다. 이 책은 출판되지 않았으나 그는 세 차례에 걸쳐 수정 작업을 했고, 죽기 직전까지도 이 작업을 손에서 놓지 않았다. 아들레르 사건은 키에르케고르가 더욱 몰입해 들어간 주제, 즉 **기독교인이 되는 것**의 어려움을 말해 주는 생생한 예였다. 천재가 될 것인가, 아니면 사도가 될 것인가? 성서에 대한 자유로운 해석의 대가가 될 것인가, 아니면 구체적인 삶을 통해 기독교의 비극을 몸소 체득하며 그 **일관성**을 증거할 수 있는 이들 중 한 명이 될 것인가? 그것은 사변에 의해 추론되거나 정립된 것이 아니라 경험을 통해 터득된 것이어야 했다.

국가 교회는 그 적이었다. 그런데 그 공식적인 대변인인 뮌스테르 주교는 아버지의 고해 목사이자 키에르케고르에게는 스승과도 같은 존재였다.

종교적 투쟁과 죽음

키에르케고르가 보기에 뮌스테르는 기독교인의 삶과 교조 간의 불일치를 구현하는 인물이었다. 그는 국가 교회의 미덕들을 대표하는 상징적인 인물로서 자신의 역할을 훌륭히 수행해 냈지만, 그건 국가를 위해서였다. 그의 성직이 발하는 세속적인 화려함은 그 자신과 정면 대치되는 것이었다. 주일에 성직자의 치장을 하고 세상적인 것의 포기와 금욕에 대해 말한 뒤, 뮌스테르 주교는 궁정에 식사하러 갔다……. 키에르케고르는 현실과 철학적 사변 간의 괴리——그가 헤겔 비판을 통해 폭로했던——와 똑같은 괴리를 삶과 제도화된 기독교의 교조 사이에서 목격했다.

키에르케고르가 1850년 9월 《그리스도교의 훈련》을 출판했을 때 위기는 절정에 달한다. 이 저서에서 그는 인간의 대속을 위해 고통받고 죽은 그리스도의 '추문' 을 전면에 부각시킨다. 이것이야말로 그가 믿은 기독교의 '핵심' 이었기 때문이다. 그런데 키에르케고르가 목격한 교회는 바로 이 추문을 제외한 모든 것이었다. 교회는 세상과의 타협 자체였다.

뮌스테르는 키에르케고르와의 만남을 거절했으며, 뮌스테르에게 공적인 공격을 가하고 싶지 않았던 키에르케고르는 1852년에서 1853년 사이, 침묵과 내면의 탐색으로 침잠하게 된다. 키에르케고르의 일기가 그것을 증명한다. 일기에는 내면의 깊은 갈등이 드러나 있으며, 기독교인과 기독교, 나아가 뮌스테르 대목의 역할에 대한 고통스런 명상의 결과들이 들어 있다. 그의 말대로, 만일 국가 교회가 기독교의 가르침과 삶 사이의 모순에 대한 그의 비판을 인정했다면 그처럼 최종적인 위기로 치닫지는 않았을 것이었다. 그러나 뮌스테르는 침묵했고, 키에르케고르도 화해가 불가능하다고 판단한다.

주교는 1854년 1월 30일에 사망한다. 그의 자리는 마르텐센 교수가 물려받았다. 키에르케고르는 그를 신학의 객관적 사변을 집약한 인물, 국가 교회의 세속적 타협을 상징하는 인물로 보았다. 뮌스테르 주교의 장례식에서 마르텐센은 고인을 두고 **"진리의 증인이며, 사도들의 시대부터 우리 시대까지를 이어 주는 성스러운 사슬의 고리들 중 하나"**로 묘사했다. 참다 못한 키에르케고르는 '뮌스테르 주교는 **진리의 증인**이었던가? 그가 정말로 진리의 이 증인들 가운데 한 명이었나?' 라는 제목의 기사를 발표한다.

사람들의 존경을 한몸에 받았던 인간의 명성에 그런 야비한 공격을 가한 키에르케고르의 배은망덕에 코펜하겐 시민 전체가 분노했다. 지면(紙面)에 논쟁이 잇달았으며, 키에르케고르는 마르텐센을 격렬히 비난했다. 뮌스테르는 진리의 증인일 수 없으며, 기껏해야 그리스도의 고통에 괴테의 쾌락주의를 허용했을 뿐이라고 그는 주장했다. 뮌스테르와 더불어 교회는 순교자의 후광보다 이 세상의 부와 영광을 더 좋아했다는 것이다. 개별적인 개인이 아닌 국가(대중, 무리)는 교회와 양립할 수 없으며, 기독교는 바로 개인에게 직접 호소한다는 것, 그러므로 국가 교회란 있을 수 없고, 구원은 개인적인 문제이지 집단적인 문제가 아니며, '정치적인' 문제는 더더욱 아님을 그는 강조하였다.

뿐만 아니라 키에르케고르는 신학생들을 꾸짖는다. "안락함과 좋은 수입을 제공하는 교구, 설교를 해서 먹고 살게끔 해주는 교구를 얻을 생각만 하는 거머리들"이라고. 그렇다면 일요일에 상점과 고깃점이 문을 닫듯이 교회도 문을 닫아야 하지 않을까 하고 그는 묻는다.

"오늘날의 개혁이 성서를 도외시한다면, 교황을 도외시한 루터의 개혁과 마찬가지가 되어 버릴 것이다. 성서에 대한 모든 관심은 석학들과 법학자들의 종교심을 발전시켰는데, 이는 단순한 심심풀이에 불과하다."(Pap. IX A 442)

가톨릭이 상징하는 전통과의 결렬을 의미하는 개신교는, 온갖 형태로 표출되는 그 시대의 정신과 유행에 오염될 위험이 더 많다. 이 모든 쟁점은 키에르케고르가 자비로 발행한 《순간》(총 9호로서, 제10호는 사후 발행되었다)이라는 제목의 간행물, 신랄한 어투를 담은 이 교훈적인 팸플릿 속에 담겨 있다.

이미 또 다른 결렬, 즉 레기네와의 결렬로 큰 동요를 겪어야 했던 키에르케고르는 이같은 투쟁으로 소진되고 더한층 심각한 고립 상태에 이른다. 게다가 그때까지는 레기네를 코펜하겐 거리에서 엿보기라도 할 수 있었지만, 이제 그녀는 덴마크령 서인도 제도 총독으로 임명된 남편을 따라 떠나야 했다. 출발일(1855년 3월 17일)에 레기네는 험구에 빌미를 제공하지 않기 위해 키에르케고르와 도상에서 만남을 갖는다. 그녀는 **"쇠렌, 하나님이 당신을 축복해 주시고, 모든 일이 당신 뜻대로 되기를 바랍니다"**라고 그에게 말한다. 키에르케고르는 아무 대답도 하지 않았으며, 한 발짝 물러서서 그녀에게 경의를 표했다. 그후 다시는 레기네를 보지 못했으며, 그가 죽은 뒤에도 그녀는 50년 가량을 더 살았다.

그는 자신이 발행한 팸플릿에 《순간》이라는 제목을 붙였다. 하나님과 인간의 만남, 바로 순간 속에 도래하는 시간 속에서의 영원이라는 역설적인 사건의 충격을 강조하기 위해서였다. 동시대의 그 누구도 제자에게 **"오라, 그리고 나를 따르라!"**고 하신 그리스도의 부름, 단순해 보이는 이 부름에 응할 수 없다는 사실을 키에르케고르는 씁쓸한 마음으로 확인했다.

1855년 10월 2일, 기력이 다한 그는 길바닥에 쓰러진 채 발견되어, 병원으로 옮겨졌다. 거기서 그는 주교였던 하나 남은 형과의 만남을 거절했다. 형 역시 국가 교회의 세속적 타협에 연루되어 있다고 생각했기 때문이다. 병의 정확한 원인을 찾지 못한 채 건강이 악화되어 갔다. 그는 종부 성사를 거절했으며, 11월 11일, 진리와 **역설적인** 기독교를 위해 싸웠던 쇠렌 키에르케고르는 42세의 나이로 사망했다. 공동체에 소속되지 않았으며, '초월성'에 접근하기 위해 사람들로부터 멀어졌던 인간이었다…….

그가 받은 상당한 유산 중에 남은 것이라고는 장례식을 치를 비용 정도였다. 모든 것이 그의 '사명'을 위해 희생되었던 것이다. 장례식에서 그의 조카가 낭독한 성서의 구절은 〈**요한계시록**〉 3장 14-16절이었다.

"진실하시고 참되신 증인이시며 하나님께서 행하신 창조의 근원이신 분이 말씀하신다. '나는 너의 행실을 안다. 너는 차지도 뜨겁지도 않다. 차라리 네가 차든지 뜨겁든지 하면 좋겠다! 네가 이렇게

미지근하여 차지도 뜨겁지도 않으니 나는 너를 내 입에서 토해 내
겠다."

키에르케고르는 코펜하겐의 한 교회(**Frue Kirke**) 묘지에 묻혔다.

II
철학적 여정

본장에서는 키에르케고르의 저서가 지니는 **유기적 구조**를 제시하며, 그에게 닥쳤던 **강렬한 순간들 및** 작품의 특징을 비롯해 그의 철학적 **사색의 여정**을 말해 주는 상징적인 표현들을 부각시키고자 한다. 이 여정을 따라가기에 앞서 독자들에게 미리 알려두고 싶은 사실이 있다. 즉 그것은 키에르케고르가 《나의 저술 활동에 대한 해설적 관점》에서 밝힌 바에 힘입은 일종의 재구축 작업이라는 점이다.

"현재도 그렇고 과거에도 그랬듯이 나는 종교적 문제를 다루는 작가이며, 나의 모든 저술 활동은 기독교와 연관된다는 사실은 이론의 여지가 없다. 기독교인이 된다는 문제와, 기독교 세계라고 불리는 끔찍한 착각에 대한 직접적 혹은 간접적인 논쟁과 관련된다는 말이다."

1. 가능성인 존재

가능성의 개념은 키에르케고르가 구축한 철학의 핵심이다.

키에르케고르가 말하는 '가능성'은 햄릿의 고전적인 질문이었던 **'죽느냐 사느냐'** 속에 온전히 요약되어 있다. 물론 그것은 '이 세상에' 존재하느냐 안하느냐가 아니라, '자기 자신'으로 존재하느냐 안하느냐의 문제이지만 말이다. 철학에 있어 논리학에 속하는 '가능성'은 아리스토텔레스 이래로 비모순이라는 원칙의 지배를 받아 왔으며, **필연**과 **우연**으로 분류된다.

> "필연이란 그 반대나 '그렇지 않음'이 불가능하거나 혹은 모순을 포함하는 경우이며…… 우연이란, 그렇지 않을 수도 있거나 이 그렇지 않음이 어떤 모순도 포함하지 않는 경우이다."[1]

이 두 가능성은 서로 연관이 없다. 사물들의 경우 필연적이라는 말은, 그것들이 현재 **있는 그대로**이며 달리 있지 않다는 사실을 가리킨다. 그것들은 논리학의 요구에 위반되지 않으므로 존재하기 **전에** 이미 상상 가능한 것이기도 하다. 또 **나중에** 그것들이 우리의 인지 속으로 들어올 때에도 비모순으로 평가된다. 이렇게 그것들은 우리를 마주하고 **거기에** 있다. 그렇다면 인간이 문제되었을 때에는 어떨까?

---

1) 라이프니츠, 〈자유와 운명에 대한 대화〉, 《자연과 은총의 원칙들, 단자론과 그밖의 텍스트들》, Garnier-Flammarion(1996), p.47.

'가능하다'는 말은 posse라는 라틴어에서 왔는데, posse는 '……의 주인인' 혹은 '……에게 영향력을 미치는'이라는 의미를 갖는 potisse에서 유래한다. 가능한 것이라는 말은, 내가 **구체적이고 생생한 경험을 통해** 행하고 완수할 수 있는 것을 의미한다.

키에르케고르가 의미하는 '가능성'은 사물들의 존재, 혹은 어떤 상태의 도래에 대한 판단을 가리키는 것이 아니다. 그것은 구체적·현실적인 인간 **존재**의 특징을 말해 준다. 삶은 단지 탄생에서 죽음까지 자발적으로 움직여 나가는 생명(bios)이 아니다. 인간의 삶은 **존재**이며, 세상과 타인들과의 관계이다. 그것은 생존에 대한 걱정이며, 기대와 계획이다. 또한 현재 씌어지고 있는 프로그램의 전개이며, **자아**로부터의 탈피이고, 불연속성——끊임없이 실행에 옮겨야 하는 선택의 불연속성——과 마찰을 빚는 연속성이다. 존재는 절대적 우연이다. 존재는 선택——아무런 제한도 받지 않는 자유로운 존재가 요구하는——의 필요성 외의 어떤 필요성도 알지 못한다.

헤겔은 사물들에 해당하는 것이 인간에게도 해당한다고 인정하는 듯싶다.(《철학백과전서》, §147) 그러나 그가 말하는 가능성은 키에르케고르가 말하는 가능성은 물론 고전논리학과도 상관이 없다. 그것은 내용물이며, 잠재성이기 때문이다. 즉 조건들의 결합이 최종적으로 '가능한 것'이 실현되게끔, 또 현실로 나아가게끔 **결정짓는다**. 이렇게 볼 때 헤겔의 가능성은 **수동적**이며, 결과물이다. 조건들이 서로 모여 가능성이 **필연적으로** 도래할 수밖에 없다. 여기에 큰 차이가 존재한다. 말하자면 헤겔에게는 필연성만 있는 반면, 키에르케고르에게서는 필연성을 찾아볼 수 없다는 점이다. 플라톤에게서 영감을 받은 키에르케고르는 가능성을 미확정된 **계획**으로 이해하기 때문이다.

"그러므로 무언가를 행하거나 혹은 어떤 행동을 취할 수 있는 가능성을 원래부터 갖고 있는 것, 이것은 존재한다고 나는 말하겠다. (…) 따라서 나는 이렇게 정의내린다. 존재는 바로 가능성이라고."[2]

행동하거나 따를 수 있는 가능성은 조건지어진 것이 아니고, 물질적–논리적 조건에 좌우되지도 않는다. **가능성은 존재하는 것의 '형이상학적' 조건이다.** 어떤 행위를 가능케 하는 물질적–논리적 조건들은 이 행위가 존재토록 하기 위해 하나의 장소, 가능성, 비(非)필연성을 지녀야 한다. 예를 들어 마르탱 씨가 아내에게 자신의 승진 소식을 알리려면, 그는 우선 결혼을 했어야 하고, 또 승진을 해야 한다. 이것이 이 소식을 알리기 위한 가능성의 조건이다. 그리고 이런 조건 속에 있으려면 그는 **우선** 결혼을 할 수 있든지 없든지, 어떤 직업을 가질 수 있든지 없든지 하는 가능성을 지녔어야 한다. 무엇보다, 하나의 가능성, 그리고 또 하나의 가능성……하는 식으로, 항상 직면케 되는 **가능성**을 하나씩 **택했어야** 한다.
　인간의 경우, 존재한다는 것은 늘 수많은 가능성에 직면하게 됨을 의미한다.

---

2) 《소피스트》, 247e.

2. 존재와 개인

　인간의 존재는 가능성이다. 동물들에게는 종(種)이 개인보다 더 중요하다. 세상에 대한 그들의 관계는 **선택**의 양상을 띠고 실현되지 않는다. 어찌 보면 그들을 위해 선택해 주는 종의 법칙들에 복종하며 실현된다. 하지만 인간의 경우는 그렇지 않다. 우위를 차지하는 것은 개인이기 때문이다. 종이 개인을 위해 선택하는 것이 아니라, 결코 선택을 회피할 수 없는 개인이 자신을 위해 선택해야 하는 것이다. 이렇게 인간은 사변적이 아닌 **구체적인** 존재의 양상을 지닌다. 바로 '가능성들'과의 대면을 통해 그는 자신의 독자성에 형태를 부여한다. 그러면 이제 **개인**에 대해 이야기해 보기로 하자.

　존재는 쉴새없이 우리를 선택 앞에 세워두며 결단을 강요한다. 그런데 가능성을 두고 볼 때, 거기에는 우리를 무력감에 빠뜨리는 무언가가 있다. 주어진 가능성들 앞에서 도무지 결정을 내릴 수 없었던 순간들을 누구나 경험했을 것이다. 너무도 중대한 문제라서 선택이 불가능해 보였기 때문이다. 가능성은 긍정적이든 부정적이든 미확정된 무엇이다. 나는 결혼해서 행복해질 수도 있고, 결혼한 걸 후회할 수도 있다. 결혼의 가능성은 개인의 행복 혹은 불행을 향해 열려 있다. 그러므로 개인은 검토하고, 따져 보고, 계산함이 마땅하다. 불행의 가능성 앞에서는 망설일 수도 있음이 이해된다. 아니면 브라상스의 노래에 나오는 현자처럼 어떤 소신을 위해 죽기 전에 한참 동안 무덤 주위를 돌 수도 있고……．

선택을 망설이고, 불편한 감정을 느낄 수도 있다. 하지만 우리가 왜 그토록 겁을 먹는지 갑자기 누가 묻는다면, 무어라 꼬집어 대답할 수 없을지 모른다. 미지의 가능성 앞에서 느끼는 이런 불편한 감정이 바로 **불안**이다.

우리 앞에 제시되는 가능성들이 훌륭히 실현되리라는 보장은 전혀 없다. 환상을 통해 우리는 그것을 좋은 소식 혹은 행복한 약속으로 볼지 모르지만, 모든 선택 속에는 행복과 불행, 성공과 실패, 삶과 죽음이 내포되어 있다. 긍정적인 가능성들이 부정적인 가능성들보다 실현될 확률이 높은 것도 아니다. 각각의 결정에는 한 개인 전체가 걸려 있는데, 이것이 바로 가능성인 존재가 지니는 엄청난 힘의 비밀이다. 존재가 가능성이라면, 개인의 존재는 바로 불안이다. 개인성이야말로 존재에 직면한 인간의 본질적인 양상이라면, 그 주된 측면은 **불안**이다.

3. 개인과 존재

개인은 단지 존재 **속** 혹은 존재 **앞**에 있는 것이 아니며, 또한 자기 자신과 관계를 갖는다. (즉 자기 자신을 위한 가능성, 그리고 존재 속에서 있는 그대로 스스로를 실현시킬 수 있는 가능성과의 관계이다.) 이처럼 자기 자신과 관계하며, 개인은 존재를 형성하는 가능성들의 무게를 온전히 느낀다. 따라서 무한한 가능성 앞에서, 또 자신의 고유한 가능성들이 지닌 한계 앞에서 다음의 사실을 깨닫게 된다. 즉 그가 자기 자신과 맺고 있는 관계 자체가 문제성을 지닌다는 사실이다. **절망**은 이 관계의 어려움을 구체적으로 보여 준다.

　어떻게 이 절망을 극복할 것인가? 그러려면 힘이, 하나님이 필요하다. 하나님에게는 모든 것이 가능하기 때문이다. 그리하여 하나님과의 관계는 개인을 불안과 절망——그가 존재 속에서 맞닥뜨리는——으로부터 구해 낼 수단처럼 보인다. 하지만 하나님과의 관계는 전혀 필연성을 띠지 않으며, 그 역시 **가능한 관계**에 불과하다. 게다가 신앙에 의해 인도되는 관계인지라, 가능성이 지니는 불확실한 점들을 해소시키는 어떤 지적 확신도 가져다 주지 못한다. 그렇다, 신앙은 어떤 지적 확신도 전해 주지 못한다. 하지만 그것은 더 많은 것을 제공하여 인간 존재의 짐을 덜어 준다. 신앙을 갖는다는 것은, 존재의 여러 가능성으로 말미암은 **위험을 감수하는 것**이다. 그러므로 존재 앞에서의 진정한 선택은 다음과 같다. 즉 이것 혹은 저것을 선택하거나 불안 혹은 절망 속에 빠지는 것이 아니라, 신앙으로 **존재의 위험을 감수**하거나 감수하지 않는 것이다. 이 점을 두고 키에르케고르는 이렇게 말한다. 이것 혹은 저것을 선택하는 것이 아니라, 원하기로 선택하는 것, 즉 무엇보다 책임을 지는 것이라고. 실제로 모든 것이 가능하며 긍정적인 가능성이 부정적인 가능성보다 더 확실치도 않다면, 개인은 ‘모든 것이 가능한 분’에게 자신을 맡기기로 선택할 수밖에 없다. 결국 중요한 것은 신앙이다. 그러려면 신앙이 어떤 의미와 중요성을 지니는 **존재의 한 지점**에 도달해야만 한다.

4. 단계의 철학

존재는 개인을 여러 가능성 앞에 세우며, 세상과 자기 자신과 하나님과 관계를 맺도록 한다. 불안·절망·**역설**(이 문제에 대해서는 나중에 살펴보겠다)은, 이 세 관계를 특징짓는 구체적인 상황들을 대변한다. 우리가 무관심하거나 냉정하거나 객관적인 태도를 취할 수 없는 관계들이다. 그런데 존재 속에 개인이 처한 상황이 이 관계들에 영향을 미침과 동시에 특별한 뉘앙스를 부여한다. 따라서 관계하는 대상이 **무엇**인가에보다, 이 대상들과 **어떻게** 관계 속으로 들어가는지에 역점이 주어진다. 우리는 이 대상들과 감정적이거나 열정적인, 때로는 역설적인 관계를 맺는다. 이것이 바로 **어떻게**이다. 즉 우리로 하여금 세상과 자기 자신과 하나님과의 관계 속으로 들어가게끔 해주는 단연 질적인 양상이다. 그것은 **객관적인 진리를 궁극적인 진리로 간주하지 못하도록** 한다. 예를 들어 '전체는 부분보다 크다'라는 객관적 진리는 '지식'이지만, 그렇기 때문에 그 **자체로서는 나와 무관하다**. 반면 사랑하는 사람이 죽었을 때 이런저런 추론으로 고통을 달랠 수는 없다. 존재의 여러 가능성 속에 던져진 개인은 그에게 직접 말을 거는 진리, 주관적인 진리를 요구한다. 키에르케고르가 항상 강조한 것도 이 점이다. 즉 **"진리는 나에게 진리인 한에서만 진리"**인 것이다.

개인은 세상과, 그 자신과, 또 하나님과 관계를 맺게 된다. 이 세 유형의 관계는 존재의 근본적인 세 가지 가능성을 의미한다. 이 세 토대에서 출발해 존재의 무한한 가능성이 머리를 쳐든다.

이러한 세 유형의 관계를 고려하여 키에르케고르는 **존재의 세 단계**를 제시한다. 양립할 수 없으며, 어떤 식으로도 종합의 대상이 될 수 없는 단계들이다. 그럼에도 불구하고 이 세 단계를 종합코자 하면 구체적인 개인의 존재가 인류 속으로 상실되고 만다. 즉 구체적인 개인은 서로 다른 양태의 이 관계들을 **동시에** 맺을 수 없다는 말이다. 추상적이고 사변적인 방식으로밖에는…….

키에르케고르의 저서는 다루어지는 단계에 따라 구분될 수 있다. 예를 들면 《이것이냐 저것이냐》의 제1부는 심미적 단계를, 제2부는 윤리적 단계를 제시하며, 《두려움과 떨림》은 종교적 단계로 인도한다. 그렇다고 각각의 단계가 고정되어 반드시 한 단계에서 다른 한 단계로 옮아가는 것은 아니다.

"존재의 세 가지 영역이 있다. 즉 심미적·윤리적·종교적 영역이다. 이 세 영역 사이에 두 개의 경계 영역이 있다. 아이러니는 심미적 영역과 윤리적 영역 간의 경계 영역이며, 유머는 윤리적 영역과 종교적 영역 간의 경계 영역이다."[3]

그런데 각각의 단계가 변모하며 한 단계에서 다른 한 단계로 넘어가는 것——이 경우 우리는 존재의 객관적인 이론이나 체계와 관계하게 된다——은 아니다. 변화하고, 느끼고, 감지하고, 멈추고, 물러서기도 하는 것은 개인이다. 개인은 한 단계에서 다른 한 단계로 넘어갈 수도 있고, 그렇지 않을 수도 있다. 거기에는 어떤

---

3) 《철학적 단편들에 대한 후서》, Gallimard, collection TEL, Paris, 1989, p.339.

논리적인 필연성도, **변증법적인** 필연성도 작용하지 않으며, 그가 처해 있던 단계와 **관계를 끊느냐 마느냐의 선택**이 문제된다.

심미적 단계

심미적 단계는 개인이 세상과 모순된 관계를 맺고 있는 단계이다. **낭만주의 철학**을 토대로 형성된 세계관의 영향을 받은 심미가는 현실을 이상화시켜서 본다. 현실을 있는 그대로 받아들이지 않는 것이다.

낭만주의 철학

낭만주의 철학에서는, 이성이 총체적 현실을 고려할 수는 없다고 판단된다. 칸트에 의하면 이성은 **물(物) 자체**를 인식할 수 없다. 게다가 세상과 대면해 세상을 이해하고자 할 때에는 분할 작업을 한다. 즉 조화롭고 단일한 세상을 재구성하기 전에 세상을 분석하는 것이다. 그런데 낭만주의자들에게 있어 현실은 분석적 방법이 아닌, **그 통일성을 이해하는 방법**으로 접근해야 하는 총체적인 무엇이다. 그들은 감정이야말로 현실을 **종합적으로** 포착하기 위한 가장 좋은 수단이라고 주장한다. 감정에서 출발해서 현실과의 관계 속으로 들어가야 한다고 본다. 그런데 감정이 최고도로 발휘될 수 있는 것은 **심미적 경험**에서가 아닐까? 여기서는 추론적 이성의 각도에서 **개념**이 검토되는 대신, 오직 감정만이 끌어모을 수 있는 정신적 통일성의 각도에서 **형태**가 검토된다. 세상과의 관계 속으로 들어가 감정에 의해 이상적인 통일성을 포착하는 것, 그것이 '존재하는 것'이다. 그러려면 비상한 감수성이 요구된다. 너무도 강렬하여 자체 내에 현상들의 통일성을 내포하는 감수성이다. 이례적인 감수성, **천재**의 감수성, 이런 감수성을 지닌 인물을 낭만주의는 찬미한다. 세상을 공략하기 위해 돌진하는 이 절대적인 주체야말로 존재의 모델이다. 감정으로 현실을 투시하며 그 통일성을 포착하는 것이야말로 무한한 현실 속에 사는 것이며, 심미가가 추구하는 바이기도 하다. 그러나 그는 자신의 한계들로 인해 결국 이러한 작업이 불가능하다는 사실을 알게 된다.

심미가

20세에 키에르케고르는 낭만주의 심미가의 태도를 취한다. 세상사에 대해 무심하고 열의 없는 자의 모습을 띤다. 술집에서 빚을 지고, 여자들의 정절이 경시당하는 장소를 드나들고, 우연히 만난 대화 상대를 온갖 종류의 역설로 공격해 달아나게 만들기도 한다. 말하자면 되는 대로 살아간다. 연극이야말로 그가 바친 열정의 대상으로서, 존재의 모델이라 할 만했다. 철학과 저속한 말들은 한통속이 아닌가? 우리는 아이들에게 우선 철자를 가르치고 동화책을 읽히지 않는가? 철자를 한 자씩 읽어내는 묘기와 신기한 전설들이 우리가 받은 교육의 토대를 이루었으며, 우리 모두 술래잡기를 하고 옛날이야기를 들으며 자랐다. 몽상보다 더 근사한 것은 없다!

흔히 카페에서 이런 정신의 유희가 오가는 걸 보는데, 오페라에서도 꿈의 연장인 모티프들이 발견된다. 코펜하겐 거리를 산책하며 키에르케고르는 여자들을 관찰했다. 그녀들은 저마다 존재의 한 가능성을 상징했다. 음악감독(카펠마이스터)의 딸과 함께하는 삶은 다름 아닌 음악과 노래, 콘서트일 것이다. 일요일 오후마다 살롱에서는 실내악단의 연주가 있을 테지. 반면 탄탄한 엉덩이와 풍성한 젖가슴이 눈에 띄는 또 다른 여자와 함께라면 똑같은 일요일이라도 나른함과 권태에 불과할 것이다. 그렇다면 저 여자, 아니 이 여자는 어떤가! 신성함과 광휘로 가득한 심미학은 아름다운 것에만 집착한다. 장난기어린 눈길, 토라진 얼굴, 감동적인 홍조…… 훌륭한 심미가였던 키에르케고르는 선택을 자제한다. 그렇게 그들을 관찰하면서 모든 가능성 가운데 미결정 상태로 남아 있는 것이 훨씬 더 자극적이었다. 그는 여전히 산책을 했으며, 온 세상을 지배하는 듯한 느낌을 받는다. 선택을 하지 않는다는 사실로 말미암아 자신이 독특한 실존적 상황에 처하게 되었음을 느낀다. 모든 것이 가능성 속에 유보된 채 새로웠으며, 습관도 발붙일 곳이 없었다. 일도 가족도 없었으니까. 심미가는 상상력에 힘입어 마음대로 자신을 만들어 낼 수 있다. 그의 삶은 한 권의 책, "그의 마음을 사로잡는 한 권의 소설"——엑토르 베를리오즈의 표현을 빌리면——과도 같다. 키에르케고르는 한바탕 아이러니의 웃음을 터뜨리며 기분에 따라 이런저런 세계를 쌓고 허물어뜨렸다. 그의 의지는 어떤 법칙도 허용치 않았으므로, 그의 삶은 나날이 더한층 '시적인' 것이 되어갔다.

그는 심미주의를 대표하는 인물들, 우선 돈 후안을 모범으로 삼았다. 수많은 여성을 정복한 스페인의 유혹자로서 에로틱한 욕망의 전략가이자 사색가이기도 한 돈 후안은 말하자면 육체의 불행한 정신화를 구현한다. 모차르트는 그것을 이해했다. 그의 음악은 감각의 덧없음, 그리고 입맞춤이나 황홀한 사랑의 사라지는 순간을 극화하고 있다. **오로지 순간을 위해서 살기**, 이것이 심미적 단계의 특징들 가운데 하나이다. 쾌락을 따라 사는 심미가는 끊임없이 또 다른 쾌락을 찾아나서지 않을 수 없다. (**쾌락은 짧고 고통은 길다.**) 한 여자를 향유한 다음에는 어쩔 수 없이 다른 여자, 또 다른 여자를 찾게 된다. 그는 선택을 하지 않는다. 어떤 성품이나 특별한 신체적 매력 때문에 이 여자 혹은 저 여자를 택하는 것이 아니다.

"돈 후안에게 여자는 모두 평범한 여자이다. (…) 돈 후안의 욕구를 부채질하는 대상은 이례적인 무엇이 아니라 평범한 것이다. 그 여자가 다른 모든 여자와 공유하는 그것이다."

돈 후안뿐 아니라 파우스트 역시 마찬가지이다. 해소될 길 없는 관능성, 의심하는 정신인 이 현자는 다음의 결론에 이른다. 즉 학문으로부터 도출할 수 있는 유일한 확신은 우리가 무지하다는 것이며, 이 무지야말로 인간 지식의 처음이자 끝, 알파와 오메가라는 사실이다. 이 둘 사이에 존재하는 것은 다만 우리의 과오를 하나씩 드러내 보일 따름이다. 이상(理想)을 의심하는 파우스트는 심미적인 삶에서 미봉책을 찾는다.

"그는 사랑을 포착한다. 사랑을 믿어서가 아니라, 사랑 속에 현재의 요소가 들어 있다고 믿기 때문이다. 순간의 안식을 포함해, 공허한 의심의 주의를 돌려 놓고 기분을 전환시켜 주는 목표물들이 그 속에 있다고 믿기 때문이다."[4]

그는 더 이상 회고적인 반성을 원치 않으며 직접성을 원한다. 그리고 그 삶이 솔직함과 자연스러움 자체인 순진무구한 처녀, 매혹적인 마가레타에게서 그것을 발견한다. 심미가는 언제나 젊음과 그 영원의 짧은 순간을 찬미한다.

존재가 제시하는 여러 가능성 가운데 선택하기를 거부하며 인간의 조건을 초극하려는 의지. 이같은 인간의 조건과 그것에 활기를 부여하는 이상들 간의 격차를 아이러니에 의해 드러내려는 욕구. 관능성의 추구. 선악에 대한 무관심. 이런 것들로 특징지어지는 **심미적인 단계는 즐거움을 생의 궁극적인 목표로 삼는다.**

그러나 이런 '심미적'인 입장을 오래토록 견지하기에는 키에르케고르는 지나치게 우울했다. 그는 쾌락을 즐겼지만 이런 유의 삶이 내포하는 공허와 권태에도 민감했다. 뿐만 아니라 그건 실패한 삶이었다. 반복되는 쾌락의 순간들은 너무도 짧기 때문이다. 롱사르가 말했듯이, 여인의 아름다움은 "아침나절 피어 있는 장미꽃만큼밖에 지속되지 못한다." 심미가는 이 짧은 아침나절에 만족하거나, 아니면 또 다른 새벽을 찾아 다시 떠나야 한다. 이같은 쾌락과 즐거움의 추구는 심미가에게 있어서 **존재의 목표 자체가** 된다. 그에게 타인은 목적이 아니며 기분 전환을 위한 기회이다. 심미가는

---

4) 《이것이냐 저것이냐》, Gallimard, collection TEL, p.160.

흥미로운 대상에만 관심을 보이며, 하나의 상황에서 다른 상황으로 쉴새없이 옮아간다. 그러나 삶에서 만족만을 추구하는 자는 얼마 못 가 무한한 욕망 앞에서 세월의 짧음을 한탄하게 된다. 그리고 마침내 **불안** 속으로 곤두박질한다. 심미가의 삶은 결국 이렇게 요약된다.

그는 오로지 변덕스런 자신의 감각을 좇으며, 그에게 존재는 **우연**이다. 그런 일시적인 열정들이 어떤 쾌락을 선사해 줄 것인지는 그 자신도 모른다. 미친 듯이 쾌락을 추구하며 맛보는 긴장은 **불안**이며, 그 가장 흥미로운 형태들 가운데 하나가 바로 키에르케고르가 말하는 **악마성**이다. 선(善)에 대한 불안, 그리고 삶에 대한 적극적인 참여라는 문제와 영원 앞에서 느끼는 불안. 악마성은 단지 죄의 상태일 뿐 아니라, 악(惡) 속에 머무르려는——우울함으로 표출되는 이 악은 과묵한 기질을 형성한다——일종의 집착을 드러낸다. 악마성은 순간 속에 살며, 참여 및 가능성, 선의 가능성(선은 지속성이다)을 두려워한다. 악마성은 공허와 권태이며, 심미가의 삶을 고스란히 드러내 보인다. 끝없는 불안, 새로운 상황에 대한 꺼질 줄 모르는 갈구. 영혼은 끊임없이 쾌락을 갈망하며 내면으로 칩거한다.

그런데 이 불안을 심미가라고 반드시 맛보아야 하는 것은 아니다. 심미가는 그것을 안내자로 삼고 '생각하기'를 시도하며, 불안이야말로 세상에서의 특정한 존재 방식임을 깨달을 수 있다. 또한 불안을 모르는, 세상과의 또 다른 관계가 존재할 수 있다는 사실을 깨닫는다. 즉 거기서 그는 약탈자가 아니라 건설자가 될 수 있다는 것, 또 중요한 것은 쾌락이 아니라 외부 세계에 자신의 내면성을 각인시켜 '보편적인 것'을 실현시키는 것임을 알게 된다.

그러려면 심미적인 삶과의 결렬이 요구되며, 관점을 철저히 바꾸어야 한다. 즉 키에르케고르가 변증법적 **도약**이라고 칭한 것을 실행에 옮겨야 하는 것이다. 그것은 한 단계에서 다른 한 단계로 이행하는 점진적 발전의 산물인 종합이 아니라 하나의 사건이다. 윤리적인 삶과는 이질적인 심미적인 삶은 **선택**, 즉 여러 가능성 사이에서의 단호한 결단으로 특징지어진다.

아이러니

심미가가 주장하거나 바라는 것과는 반대로 삶은 선택을 강요한다는 사실을 키에르케고르는 이해하게 된다. 삶이 모든 가능성의 문을 열어 둘 수 있도록 허락하지는 않는다는 사실을 말이다. 그 자신의 증언에 따르면, 아버지의 죽음이 그로 하여금 학업을 마치도록 '정신적으로' 부추겼다. 일정 기간 동안 그는 이런저런 가능성을 두고 선택에 대한 무관심을 표명한다. 하지만 잇달아 삶이 우리 대신 선택하고 우리를 존재 속에 참여시키게 마련이다. 레기네와의 관계에서 그는 선택을 감행할 각오가 되어 있었으며, 결국 선택을 한다. 그런데 **이 선택이야말로 심미적인 것과 윤리적인 것을 구분짓는 무엇이다.** 이 두 단계 사이에 아이러니로 특징지어지는 하나의 상황, 즉 **중간 단계**가 존재한다. 거기서 우리는 심미적 삶의 실패와 함께 선택——우리가 아직 하지 않은(?)——의 필요성을 깨닫는다.

우리는 이미 낭만주의적 아이러니가 무엇인지 설명한 바 있다.

그것은 무한과 그 개별적인 표출 양상들 간의 불일치를 강조하는 **지적 태도**이자, 일체의 개념적 내용에 대한 자체의 우월성을 드러내고자 하는 **정신의 상태**이다.

일체의 현실에 대한 절대적인 자유. 거기서는 주체가 이성과 상상력뿐 아니라 온 영혼을 동원해서 마음대로 자리를 옮긴다. "**때로는 이 영역에서, 또 때로는 마치 다른 세상에서처럼 또 다른 영역에서,**"[5] 이 개인 저 개인에게서 절대적인 것을 찾고 발견하면서 말이다. 아이러니스트는 심미가의 지적 태도와 정신 상태에 속해 있다.

하지만 심미적 단계의 중심에 자리잡은 아이러니는 실존적 변화의 **가능성**을 품고 있다. 아이러니스트는 무한한 삶의 특성으로 유한한 삶의 특성들을 드러내 보일 수 있다. 그러나 그가 이미 무한한 삶을 선택한 것은 아니다. 그는 아직 유한한 삶 속에서 무한의 덧없는 섬광들을 찾기 때문이다. 무한한 욕망, 무한한 쾌락 등. "심미적인 것은, 자체의 감각들에 지나치게 몰두해서 **아직 표출되지 못한 내면성**이다."[6]

그렇다면 심미가가 존재 속에서 찾는 것은 무엇인가? 자신의 자아를 확립하고, 자신의 내면 생활을 세상의 절대적인 규범으로 삼기이다. 이 목적을 위해 아이러니는 최상의 도구이다. 그러나 무엇 하나 진지하게 여기지 않는 심미가는 결국 지치고 만다. (존재 속에서 진지한 것은 아무것도 없다면, 이런저런 가능성 사이에서 선택을 해야 할 이유도 없다.) 우주를 자아로 귀착시킴은 쉬운 일이

---

5) 프리드리히 슐레겔의 《아테나움》에서 발췌 121.
6) 《후서》, *op. cit.*, p.366.

아니기 때문이다.

"아이러니는 비정상적인 발달이다. 그것은 스트라스부르 거위 간[푸아그라 요리용으로 쓰기 위해 거위에게 물을 먹여 부풀어오르게 만든 간]처럼 급기야 개인을 죽이고 만다."(Pap. II A 682)

그러나 아이러니는 세상에 대한 자아의 초연함을 의미하므로 분명 직접성이 아니다. 그것은 심미적인 것을 주도하는 '순간'을 넘어선다. 초연함을 내포하는 아이러니는 **반성**이며, 어떤 정신적 소양을 특징짓는다.(《후서》, p.340) 각성한 심미가는, 아이러니가 단지 자아에 대한 '멋진' 확인일 뿐만 아니라 자신의 개인성(내면성)을 깨닫게 해주는 예기치 않은 수단임을 이해한다. 심미학적인 단계에는 과도하게 확대된 개성이 존재하는데, 그는 세상을 앞에 두고 절대적으로 두각을 드러내기를 갈망한다. (초연함이라는 **심미적** 태도와 지배욕이라는 **아이러니컬한** 태도를 부추기는 갈망이다.) 아이러니에서 교훈을 끌어내는 심미가는, **선택**이야말로 그의 인격의 개성화를 위한 가장 강력한 요인임을 알게 된다. 요컨대 선택은 내가 하는 것이며, 다른 사람들로부터 절대적으로 나를 구별짓는다. 그런데 세상에 맞서기보다는 세상 속으로 들어감으로써 우리는 자신의 존재를 드러내는 것이 아닐까? 그러므로 아이러니의 교육을 받은 심미가는 존재 속에 자신이 처한 입장 자체가 아이러니임을 알고 크게 놀란다. 내면성에 대한 이처럼 특별한 자각은 심미적인 것에서 유래하며, 아직 윤리적인 것이 아니다. 키에르케고르가 아이러니를 **중간 단계**로 묘사하는 것도 이 때문이다. 그런데 왜 아이러니는 심미적인 것에 속해 있지 않을까? 그건 아이러니가 반성이며, 그런 의미에서 직접적인 무엇이 아니기 때문이다. 그렇다면 아이러니가 윤리적인 것에 속하지 않는 이유는 무엇일까? 아이러니는 결정을 내리지 않으며, 모순되는 것들에 역점을 둔다는 점에서 그 이유를 찾을 수 있다.

아이러니스트가 선택을 결심할 때에는 윤리적인 것으로 진입하게 된다.

윤리적 단계

심미적인 삶은 실패이다. 심미가는 쾌락이 만족되는 순간, 즉 현재의 한 시점을 위해서만 살기 때문이다. **불안**의 지배를 받으며, 존재가 그에게 제시하는 어떤 가능성도 선택하지 않으며, 두각을 나타내고 내면성의 힘을 드러내 보이겠다는 환상 속에서, 심미가는 절망으로 치달을 수밖에 없다. 일체의 역사적 차원 외부에서, 그의 관심을 끄는 것은 **순간**밖에 없기 때문이다. 순간은 그에게 모든 것을 의미하는 만큼 아무것도 아니라고 해도 과언이 아니다.(《후서》, p.200) 매우 중요하고 결정적인 선택을 하는 데 그것은 아무 소용이 없으며, 존재의 다양한 가능성들 사이에 개인을 붙들어 매어 둘 따름이다. 심미적인 삶은 따라서 "역설적인 존재, 시간의 암초에 부딪쳐 좌초하는 존재로 인도한다."(《후서》, p.168) 그것은 선택에 관심이 없으며, 선택의 순간 속에 머문다. 심미적 삶은 존재일 수 없으며, 존재의 가능성에 지나지 않는다.

심미가는 어떤 쾌락도 포기하지 않는 반면, 윤리가는 그것을 통제코자 한다. 윤리적인 것을 향한 도약은 **절망의 선택**, 즉 영원한 가치를 지닌 자아의 선택(다시 말해 진정한 자아가 되고자 하는 선택)에서 태어난다. 절망 속에서 개인은 자신을 발견하는 것이다. 윤리적인 삶은, 끊임없이 새로운 것을 찾아나서는 심미적인 삶이 배제하는 지속성을 포함한다. 심미가는 순간 속에 사는 반면, 윤리가는 **시간** 속에 산다. 심미적 단계의 인간은 있는 그대로의 직접성으로 존재하지만, 윤리적 단계의 인간은 무언가 되어가는 인간이다. 그는 자신에 대한 **성실함**과 **의무**를 통해 거기에 도달한다. 윤리적인 삶에서 인간은 어떤 형식에 복종하며, 보편적인 것에 순응한다. 순간 속에 살기, 이례적인 존재가 되기를 그는 포기한다. 심미적인 삶에서 **유혹자**의 형상이 지배적이듯이, 윤리적인 삶에서는 **배우자**의 형상이 지배적이다.

앞서 보았듯이 선택의 행위는 심미적인 것과 윤리적인 것을 대치시킨다. 선택을 하지 않는 심미가-유혹자는 자유분방한 상상력과 시간의 흐름에 몸을 맡긴다. **무관심**이야말로 그의 모든 경험의 원칙이다. 정확히 말해 그는 부도덕한 인간이 아니다. 하지만 그는 무관심으로 인해 편안한 **무도덕성**의 상태에 놓인다. 반면 윤리적인 인간은 자신의 인격을 단단한 기초 위에 구축하기를 선택한다. 자신의 내면성에 관한 한, 그는 자의성이 완전히 배제된 관계를 유지한다. 즉 규범에 의해 그 합법성이 보장된 관계이다.

이것 혹은 저것을 선택하는 것이 윤리적 인간의 주된 특징은 아니다. 그보다는 선택의 행위 자체를 선택하는 것, 즉 **구체적으로 존재 속에 참여하는 것**이다. 윤리적인 인간에게는 선택에 대한 아이러니컬한 거부——개인이 선택을 배제하고 자신의 절대 주권을 확립하기 위해 세상과 관계를 맺게 되는——가 없다. 그의 임무는 자신의 인격(내면성)을 구축하는 것이다. 자신은 당연히 이성적이며 **사교적**이어야 함을 염두에 두고서 말이다. 그러므로 그의 행동은 반드시 타인을 고려해야 한다. 윤리적인 것은 다음과 같은 양면성을 훌륭히 보여 준다. 즉 한편으로 의식의 특수성을 염두에 두면서, 다른 한편으로는 보편적인 원칙들을 제시한다는 점이다. 모든 것은 이 둘 사이의 균형에 어떻게 도달하느냐에 달렸다. 그러므로 윤리적 인간의 과제는 자신에게 요구되는 **보편적인 것**을 확인하고 그것을 자유롭게 선택하며 실현시키는 것이다. 보편성의 성취란, 한편으로는 사회와 국가를 통해 모습을 드러내는 도덕적 삶에 자신의 내면 생활을 조율시킴을 의미하며, 다른 한편으로는 이같은 도덕적 삶과 내면 생활을 화해시킴을 의미한다. 또한 도덕적 의무들이 개인이 지니는 심오한 가치들을 상징하며 개인 의식과도 조화를 이룬다는 사실을 인정함이다. 그러므로 윤리적인 인간은 자신의 삶에 질서와 지속성을 부여한다. 그리고 심미가처럼 순간 속에 살지 않고 지속되는 시간 속에 산다.

  결혼은 이런 구체적인 의무를 부과하는 도덕 속에 자연스럽게 자리잡는다. 결혼은 개인 생활의 사회적 표준이며, 탁월한 윤리적 표현이다. 그것은 의지를 내포하며, 무엇보다 인간 생활의 모든 양상을 포괄하는 선택을 의미한다. 또한 시민 생활의 기초를 이룸과 동시에, 일부 심미적 가치들(에로티즘 같은)——지속적인 시간 속에서는 상이한 차원을 띠게 되는——이 내면화되는 초석이 되어준다. 요컨대 윤리적인 인간이라고 쾌락을 포기하는 것은 아니지만, 그래도 쾌락에 한계를 정한다. 즉 도덕 규범이라는 한계이다. 이처럼 윤리적인 단계는 심미적인 것을 배제하지 않고 재평가한다. **윤리적으로 선택된 상대적 요소로서.** 반드시 그래야만 한다. 두 단계간에 도약, 다시 말해 관점의 철저한 변화가 있다 할지라도, 그래도 개인은 과거의 자신으로 남아 있기 때문이다. 이 철저한 변화는 **과거에 대한 새로운 해석 속에 존재하며, 이러한 해석에 힘입어 현재는 다양한 가능성들——이전 단계에 존재했던 가능성들일 수는 없는——을 향해 개방된다.**

윤리적 삶에서 인간은 자기 자신을 위해 선택하며, 자신의 가능성들을 실현시키기로 선택한다. 윤리적인 인간은 덧없이 퇴색되어 가는 현실의 양상을 이해한다. 우러러 받들 만한 어떤 견고한 것도 찾지 못한 그는 자신의 내면성으로 도피한다. 거기서 그는 영원한 도덕적 가치들을 발견하고 그 위에 자신의 개성을 구축할 수 있게 된다. 그는 이 도덕적 가치들을 받아들이기로 선택한다. 그것들이 자유와 의지를 있는 그대로 수용하는 표현임을 이해하기 때문이다. 그러므로 윤리적인 인간은 "나 자신은 무엇인가?"라는 질문에 "자유이다!"라고 대답할 수 있다. 윤리적인 인간은 자신이 원하는 바를 자유롭게 원하며, **의무**의 형태로 자신의 의지를 사회 생활과 일치시킬 수 있게 된다. 윤리적인 인간이 결혼을 하고, 타인과 관계를 맺고, 한 국가의 시민으로서 책임을 다하고, 직업을 가질 때, 그는 의무와 사회적 규범에 복종하는 것이 아니다. 반대로 그의 행위 하나하나는 자유의 표현이다. 각각의 행위는 **영원성을 내포하는 개성의 표현**으로서 자유롭게 수용되었기 때문이다. 윤리적인 인간은 다양한 가능성들 사이에서 결단을 내리지도, 일련의 의무를 완수하기로 결심하지도 않는다. 본질적으로 그는 **자기 자신**을 위해 선택한다. 강렬한 의무를 체험했어야 한다고 키에르케고르는 말한다. 이러한 의식이 자아의 영원한 가치에 대한 확신을 전해 주려면 말이다. 윤리적인 것은 예를 들면 직업을 갖는다든지 하여 **임무**(tâche)를 완수하는 데 있지 않다. 그것은 개성의 영원한 가치를 이해함으로써 **과업**(oeuvre)을 실현시키는 데 있다.

의무 사항들을 이행하는 것으로 만족하는 사람은 노예에 지나지 않는다. 그는 의무의 노예이다. 시간이 흐르며 의무의 이행은 습관이 되어 버리는데, 습관은 부재——개성의 부재——의 표현이다. 어떤 과제가 의무로서 이행된다면 순전히 기계적인 것에 지나지 않는다. 그런데 인간은 '습관으로' 선을 행할 수는 없으며, 습관에 의해 **의로워질** 수도 없다. 그는 그것을 원해야 하며, **이 행위들에 자신을 던져야 한다**. 이것이 개성이 지니는 영원한 가치이다. 개성은 의무의 이행이 내포하는 기계적인 성격에 맞서는 한편, 그 속에 자신을 투신함으로써, 또 원함으로써, 그것을 **자유의 과업**으로 변질시킨다. 윤리적인 인간은 일상적인 의무 속에 투신하여 자신의 임무를 완성함으로써 자유가 승리를 거두게끔 한다. 그는 진정한 영웅이다. 그는 적의 포위를 당한 상황에서도 자신의 초소를 떠나지 않는다. 윤리적인 인간은 '보편적인 것'을 실현시키며(결혼을 하고 직업을 갖는 등) 외관상 평범한 사람처럼 보이지만, 진정한 의미에서 **이례적인** 인간이다.

순간의 '비연속성'에서 해방된 인간은 자아를 선택함으로써 지속적인 시간 속에서 자신의 삶을 해석한다. 그는 자신이 **개인사**를 가졌음을, 또 이 개인사가 그저 보편적인 '역사'의 한순간은 아니라는 사실을 이해한다. 낭만주의적·이상주의적 철학, 특히 헤겔의 철학에서 역사는 의미 없는 사건과 날짜를 집성시킨 이야기가 아니라 필연성의 전개이다. 역사는 **보편 정신**, 즉 역사의 의미가 표출되는 '장소'이기 때문이다. 이 보편 정신이야말로 국가들을 부추겨 다양한 정신적 가치들——국가들은 자신들이 만든 **질서 속에** 이러한 가치들을 공동으로 내포한다——이 현실 속에 도래하도록 만든다. 그러나 키에르케고르에 의하면, 종합으로서의 보편 역사는 환상이다. 종합에 이를 수 없는 **개인적·주관적 역사들**만 존재한다고 그는 믿기 때문이다.

헤겔의 관점에서 보면 역사는 사건들을 통해 '정신'의 의지를 실현시킨다. 이 '정신'이란 간단히 말해, 국가의 존재를 형성하는 역사적 사건들을 통합하여 의미를 부여하는 것이다. 사건들은 그 지휘자인 연속성과 결부되며, 그렇게 인식된 역사는 합리적이다. 이 역사는 사건들을 통해 실현되는 '정신'의 자유를 표출한다. 예컨대 프랑스 혁명을 이루는 여러 사건들이 '정신'의 관점에서 집성되면 개별적으로는 갖지 못한 의미를 지니게 된다. 즉 그 사건들은 자유와 민주주의의 개념을 구체적으로 실현시킨다고 헤겔은 말한다. 그런데 이 목표에 이르기 위해 '정신'은 개인을 **이용**하는데, 이것을 우리는 **이성의 간계**라고 부른다. '역사'의 개별적인 행위자들은 그들 자신의 이익에 따라 움직인다고 믿지만, 실제로는 단지 '정신'(이성)을 섬기는 도구일 따름이다. 이 '정신'이 뚜렷이 존재를 드러내고 목표에 이르도록 하기 위하여.

의식의 특수성 및 인간 개성의 양도 불가능성, 그의 자유, 현실적인 선택들로 이루어진 구체적인 존재에 대해 확신하는 키에르케고르에게는 이런 식으로——인간을 꼭두각시로 보며——문제를 풀어 가는 것이 용납되지 않는다. 그가 말하는 윤리적 단계의 삶은 고스란히 의무를 통한 개인사의 구체적인 실현이다.

키에르케고르의 기독교적 관점에서 보면 계시(하나님에 대한 영원한 진리의 드러남) 역시 헤겔이 생각한 것처럼 보편 역사에 속한다고 할 수 없다. 계시는 다른 순간들——이 계시를 잊어버림으로써 보존하는——에 선행하는 역사의 한순간이 아니다. 계시는 **개인의 사적 역사**를 혼란에 빠뜨리는 무엇이다. 계시의 진리는 신앙의 진리이지 이성의 진리가 아니기 때문이다. 그런데 신앙을 갖는다는 것은 일정한 방식으로 사물을 이해하는 것이 아니라, 일정한 방식으로, 즉 계시된 진리들의 영향을 받아 **존재한다**는 말이다. 그러므로 기독교는 내면성의 '계시,' 다시 말해 개인이 지니는 사적 역사의 '계시'이다. 육화는 계시의 사적이며 결정적인 양상을 증거한다. 그것은 이성이나 '정신' 혹은 객관적·추상적 원칙이 아니라 **인격**이신 하나님의 계시이다. 육화는 영원한 것이 시간 속에 도래함이다. 이성의 힘으로 이해할 수 없는, 본질적으로 **역설**이라 할 만한 사건이다.

도덕 규범을 따르는 동시에 자신에게 개인사가 있음을 이해하는 윤리적인 인간은, 이 개인사가 선과 악, 정의와 부정의를 내포한다는 사실을 안다. 윤리적인 인간은 자신의 개인사를 통해 인간 조건의 균열을 깨닫는다. 그리고 악과 부정의, 한마디로 죄된 행위가 우리의 본성 속에 깃들어 있음을 깨닫는다. 쾌락에 지나치게 몰두해 있는 심미가나, 세상으로부터 초연한 아이러니스트라면 이같은 사실에 생각이 미칠 수 없다. **존재와 과오는 불가분의 관계에**

있다는 것, 이것이 바로 윤리적인 것이 이루어 낸 위대한 발견이다. 그렇다면 무엇이 이 사실을 깨닫는 것일까? 주체이다. 과오에 대한 인식은 주체에 대한 인식이다. 정확히 말해 이러한 죄의 상태에 대한 책임을 인식함이다. 그렇게 되면 개성의 구축뿐 아니라 진리의 구축에 있어서 자신이 감당해야 하는 근본적인 역할을 인식하게 된다. 주체는 수동적이지 않으며, 과오에 책임을 진다. 자신의 과오를 인식한다는 것은 그에 대한 책임을 느낌을 의미하기 때문이다. 주체는 진리에 대해서도 마찬가지로 책임을 느낀다. 그러므로 주체는 **대속의 힘**으로 드러난다.

죄의 조건은 심리적 상태가 아니며, 도덕적 계율로 그것이 사라지지도 않는다는 것을 우리는 안다. 그것은 존재와 불가분의 관계에 있다. 여기서 다음의 사실이 중요하다. 즉 개인은 죄인이라는 불가피한 자신의 조건을 인식해야 한다는 것. 또 그가 본능적·무의식적으로 존재함으로써 지니게 되는 과오를 깨달아야 한다는 것이다. 의무를 완수하고 보편적인 것을 실현한다고 해서 죄로 물든 내면의 삶과 과오를 씻기에 충분치는 않다. 개인사의 비극에 상응하는 내면의 의지가 있어야 한다. 윤리적인 인간으로 하여금 '선택을 원하게끔' 부추기는 의지와는 무관한 이 내면의 의지는 바로 **회개**이다.

회개는 윤리적 단계의 마지막 순간이다. 윤리적인 인간이 자신의 개인사를 탐구하거나 또 자신의 주체성을 발견하며 회개의 필요성을 인식할 때, 종교적 단계로의 도약이 가능해진다.

유머

　유머는 윤리적 단계와 심미적 단계가 인접한 위치에 있다. 그것에 대한 전체적인 이미지 혹은 논리적인 설명을 제시하기란 쉽지 않다. 유머는 키에르케고르가 처한 존재의 상황과도 잘 맞아떨어지는 것으로서, 그는 다양한 방식으로 자기 자신을 표현해 놓고 있다. 아무튼 유머는 개인이 확정된 것과 미확정된 것을 뒤섞어 둔 상황처럼 보인다. 좀더 일반적으로 말해 그것은 반성이며, 나아가 존재/과오의 연합에 대한 뚜렷한 인식이다.

　그렇다면 아이러니와 유머의 차이는 무엇인가? 아이러니가 내포하는 이기주의는 한계로 작용한다. 하지만 유머리스트는 자기 자신은 물론 모든 것을 뛰어넘어 자신의 무(無)를 인식한다. 아이러니에 비해 유머는 보다 철저한 의미에서 가치의 수정을 의미한다. 아이러니스트는 자신의 자아를 조금도 의심치 않지만, 유머리스트는 자기 자신을 포함한 모든 것을 문제삼는다. 아이러니는 주체 · 자아의 절대적인 지배를 과시하고 싶어하지만, 유머는 그것을 원치 않아 사람들이 눈물을 기대하는 곳에서 웃음을 터뜨린다. 키에르케고르가 보기에 유머는 기독교에서 가장 고차원적인 형태로 표현된다. "종교적인 인간은, 아무리 큰 노력을 인간이 기울인다고 해도 그 모두가 절대적인 무(無)임을 감지하기 때문이다. 이 고통은 때로 웃음의 형태로 인간에게 모습을 드러내는데, 이것이 바로 유머이다."[7]

　유머는 인간 조건의 한계를 의식함이자, 우리의 영원성에 대한 인식(종교적)과 유한성 간의 만남을 깨달음이다. 아이러니가 이런 상태에 대한 고발이라면, **유머는 이같은 불일치 앞에서의 초연성이다**. 이 초연성은 윤리적 단계를 넘어서지만——바로 초연성이라는 사실로 인해——종교적 단계에는 못미친다. (종교적 단계는 신앙에 의해 앞서 말한 불일치에 조화를 부여한다.) 양자 사이의 도상에 있는 유머는 그러므로 **종교적인 것을 은밀히 내포한다**. 키에르케고르가 보기에 어느 누구보다도 훌륭히 유머를 제시했던 하만(J. G. Hamann, 1730-1788)에 의하면 인간은 이성에 의해서는 현실의 일관성을 이해할 수 없다. 현실은 오직 인간과 하나님 간의 직접적인 관계인 신앙을 매개로 해서만 이해된다. 이 관계는 개념을 통해서 정립되는 것이 아니며, 그보다는 개인과 하나님의 만남을 통해 정립된다. 유머는 바로 이런 상황——즉 이 관계가 지니는 모든 불균형을 감지하는 개인의 상황——에서 태어난 인식이다.

유머리스트는 이성의 결함을 인식하는 자이다. 그는 개인의 모든 희구를 실현시키기 위해 보편적인 것만으로는 충분치 않음을 인식한다. 나아가 하나님은 이성에 의해 포착될 수 없다는 것, 또 그는 이 모든 희구의 가능성이라는 사실을 안다. 기독교는 그 도덕적 요구를 두고 볼 때 광기이며, 육화를 두고 볼 때 **역설**이라는 점을 유머리스트는 이해한다. 이렇게 그는 이성만으로는 불충분하다는 사실을 이해하지만, 해결책은 오직 신앙에 있다는 사실은 아직 파악하지 못한다. 때문에 그는 거리를 둔다. 말하자면 자신의 실존적 상황에 대해 어떤 초연한 자세를 취하는 것이다. 프라테르 타키

---

7) 장 발, 《키에르케고르 연구》, Vrin, Paris, 1974, p.82.

투르누스와 요하네스 클리마쿠스 같은 가명은 바로 이 유머의 단계에 머무른다.

그러나 유머리스트가 취하는 이런 거리가 내면화될 때, 또 신앙이 해답이라는 사실을 개인이 이해할 때에는 종교적인 것을 향한 준비가 갖추어진 셈이다.

종교적 단계

왜 종교적 단계일까? 윤리적인 것과 종교적인 것은 뒤섞일 수 없는 것일까? 그럴 수 없다. 적어도 다음과 같은 두 가지 이유에서이다.

기독교라는 계시 종교는 '교회'에서 이해하듯이 단지 우리가 지켜야 할 도덕 규범들의 총합이 아니며, 유대교에서 이해하듯이 계율들을 모아둔 것도 아니기 때문이다. 그것은 그저 외적인 삶에 관계된 것이 아니다. 육화에 의해 기독교는 내면의 삶을 완전히 변화시키고, 개인과 절대자(하나님) 간의 독자적인 관계를 예고한다. 이 관계는 **죄의식**에 의해 구축된다. 인간은 자신이 연약하고 불완전한 존재임을 깨닫지만, 그래도 마음속에서 완전을 향한 열망을 발견하며, 그것을 위해 스스로를 고양코자 한다. 이같은 의지가 윤리적인 것에는 들어 있지 않다. 윤리적인 것은 도덕적 과오만을 알 뿐인데, 모든 도덕이 그렇듯이 이 과오도 **상대적인** 것이다. 죄 역시 도덕적 과오임에는 분명하지만, 그것은 '절대자' 앞에서 저질러진 것이기에 **절대적인** 성격을 갖는다. 도덕적 과오는 보편적인 것이나 국가와 관련해, 혹은 개인을 둘러싼 인간 공동체와 관련해 저질러지는 반면, 절대자 앞에서 범해진 도덕적 과오인 죄는 **내재성**[초월성의 반의어]과의 결렬을 의미한다. 즉 도덕적 행위의 규준을 더 이상 행위 자체(행위에 내재하는 요소들)에서 찾지 않고, 행위 외부에 존재하는 개념(善), **초월성**과의 관계 속에서 찾게 되는 것이다. 키에르케고르는 인간이 처한 죄의 상태를 강조하면서 다름 아닌 절대자의 절대적 초월성을 강조하고 있다. 나중에 자세히 살펴보겠지만, 이것은 키에르케고르의 철학과 헤겔의 철학이 갈라지는 중심 요소이기도 하다.

윤리적인 것과 종교적인 것이 뒤섞일 수 없는 두번째 이유가 있다. 모든 사람이 보편적인 것을 실현시키도록——즉 결혼을 하고 사회적 직책을 맡는 등——기대되지는 않는다는 사실이다. 이것은 키에르케고르 자신의 경우이기도 했다. 어떤 사람들은 타인들과의 관계에 들어가지 못할 수도 있다. 내면에 간직한 비밀로 인해 그들은 자신을 닫고, 사회와의 관계보다는 하나님과의 관계를 추구할 수밖에 없는 것이다. 절대자와의 관계로 이해되는 죄는 그러므로 보편적인 것의 실현을 방해하는 **개별화의 원칙**이다. 절대적인 것과의 절대적인 관계를 실현시키는 자, 죄를 통해 자신의 개별성을 획득하는 자는 키에르케고르가 말한 **예외**——윤리적인 것에 있어 보편성에 해당하는 종교적인 것——를 실현시킨다. 키에르케고르의 몫은 이 예외를 실현시키는 것이었다. 즉 하나님과의 관계를 수립하기 위해 약혼을 파기함과 동시에, 진정한 신앙의 관계를 정립하기 위해 국가 교회에 맞서 싸우는 것이었다. 그러나 신앙은 인격 대 인격의 관계이며, 세상에 무관심하다. 관계의 내

밀함만이 중요하기 때문이다. 그러므로 윤리적인 것과 종교적인 것 간에는 도약이 존재한다. 종교적인 것 역시 도덕적 계율을 존중하지만, 그것이 전부를 의미하지는 않는다. 종교적인 것의 본질은 주체가 절대자와 맺는 절대적인 관계이다. 그런데 절대자는 본래 세속적인 그 무엇과도 무관한 존재이다. 하나님의 관점에서, 신앙과 세상 간의 타협은 있을 수 없는 일이다. 하나님이기 때문에 그는 절대적인 의미에서 타자이다. 그는 인간적인 경험과 무관하며, 결과적으로 이 경험을 제한하는 규범들(도덕적 혹은 법적)과도 무관하다.

더 나아가 죄는 우리의 내면 생활의 표출이다. 절대적 과오인 죄는, 보편적이고 객관적이며 외적인 '역사' 속에 들어가지 않는다. 죄는 전세계를 문제삼지 않으며, 오직 나, 나의 **자아**만을 개인적으로, 고독 속에서, 철저히 주관적인 방식으로 문제삼는다. 자신과의 갈등에 빠진 내면성, 외부에 자신을 넘겨 줄 수 없는 내면성을 죄는 드러낸다. 여러 종교의 보편적인 역사는 존재할지 모르나, 의식의 보편적인 역사는 있을 수 없다. 키에르케고르가 보기에 우리 모두는 내면에 비밀과 형언할 수 없는 것, 신비한 무엇을 지녔는데, 이것이 **나에게**는 어떤 담화나 철학적 명상——의식의 갈등이 이론상으로 해결책을 찾는——보다 더 중요하다. 의식의 이처럼 비밀스러운 부분이야말로 윤리적인 것과 종교적인 것을 뒤섞지 못하도록 막는다. 그런데 실제로 내면성이 외면성보다 우월하며, 의식이 과오 자체보다 우월하다면, 개인은 세상과의 갈등에 들어갈 수밖에 없다. 믿음의 조상인 아브라함의 이야기가 증명하듯이 말이다.

아브라함, 믿음의 조상

"이런 일이 있은 뒤에 하나님께서 아브라함을 시험해 보시려고 이렇게 말씀하셨다: 사랑하는 네 외아들 이삭을 데리고 모리아 땅으로 가거라. 거기에서 내가 일러 주는 산에 올라가 그를 내게 번제물로 바쳐라."(〈창세기〉, 22장 1절 이하)

동틀 무렵, 아브라함은 자리에서 일어나 나귀를 준비하고, 두 명의 종과 이삭을 데리고 나섰다. 무자식의 삶이 아니라 아들을 낳아 축복받은 삶을 살도록 해주시겠다고 말씀하신 하나님의 약속에 따라 얻은 결실인 외아들 이삭이었다.

"머리를 들어 하늘의 별들을 세어 보아라. 네 족속도 그렇게 불어날 것이다."

사라는 늙었지만 이삭, 즉 '웃음짓는 자'를 낳으며, 그후 부부는 행복한 노년을 보낸다. 하나님이 약속을 지키신 것이다. 하지만 주님이 주신 것은 주님이 다시 취하시고, 그렇게 해서 그의 '이름'이 찬미받아야 했다. 그래서 하나님은 아브라함이 노년에 얻은 아들을 제물로 바치기를 원하신다. 하나님 자신이 선택하신 산 위에서 희생 제물로 바치라고 명하신다. 사흘의 여정 동안 아브라함은 아들을 바라보며 가슴이 에인다. 그래도 그는 하나님이 선택하신 산을 이삭과 함께 오른다. 그리고 그곳에 제단을 세우고, 그 위에 번제의 나뭇단을 쌓은 뒤 아들 이삭을 결박한다. 그는 자신의 아들을 제물로 바치기 위해 팔을 뻗어 칼을 집어든다. 주님이 그것을 원하시니까! 그런데 그 순간 천사가 아브라함의 행동을 멈춘다.

"아이에게 손을 대지 말라. 어떤 해도 가하지 말라!"

하나님은 그의 종이 신앙을 가졌음을 보셨다. 또 그에게 복종하기 위해 아브라함이 외아들을 제물로 바치기를 망설이지 않는 모습을 보셨다. 우리 각자는 얼마나 큰 싸움을 치르느냐에 따라 그 위대함이 결정된다. 세상과 싸운 자는 세상을 정복했을 때 위대해지며, 자기 자신과 싸운 자는 자신을 이겨냈을 때 위대해지며, 하나님과 싸운 자는 모든 이들 가운데 가장 위대해진다. 키에르케고르가 보기에 아브라함은 그 누구보다도 위대한 사람이었다.

그의 이야기는 우리에게 무엇을 가르쳐 주는가? 우리는 아브라함을 믿음의 조상이라고 부르고 이야기한다. 그러나 그가 직접 나귀를 준비하고, 모리아 산을 향한 사흘간의 여행을 다시 했다는 사실은 그것과는 별개의 문제이다. 이 여행 동안 그는 의심에 휩싸이며, 주께서 하신 말씀을 마음속으로 끊임없이 되뇌고, 그러면서 그 진리를 깨닫는다. 그는 자신이 미치지 않았는지 자문한다. 그리고 불길한 산의 그림자가 그를 뒤덮을 때 영혼까지 얼어붙는 듯한 느낌을 받는다. 존재로**부터**, 또 존재 **속에서** 교훈을 취한다는 것은 모리아 산을 향해 아브라함이 한 여행을 다시 한다는 말이다. 관념적인 것과 체험된 것과의 차이를 몸소 느낀다는 것, 더 나아가 사색이 삶에 시야를 부여하는 것이 아니라, 오히려 삶이 사색을 분비함을 이해하는 것이다.

객관적인 관점 및 보편적인 각도에서 볼 때, 또 의무에 충실한 윤리적 단계의 도덕적 가치에서 볼 때, 아브라함의 행동은 살인자의 행동으로 비칠 수 있다. 물론 외부 힘의 개입으로 살인이 이루어지지는 않았지만, 그래도 도덕적 관점에서 보면 아브라함은 이삭을 **죽이려** 한 것이다. 그러나 종교적 관점에서 보면 이삭을 **희생 제물로 바치려** 한 것이다. 이처럼 차이가 나는 이유는 무엇일까? 도덕과 신앙은 겹쳐지지 않기 때문이다. 신앙이 무한한 것을 향한 열정이라면, 의심은 유한한 것을 향한 열정이다. 키에르케고르가 말하는 **믿음의 기사**는 무한에 대한 열정을 가진 자, 삶에 **결정적인** 순간이 있음을 아는 자이다. 이 순간에는 추상적인 법의 통제를 받으며 의무 규범들에 따라 '정돈되어 있는' 삶의 조직인 도덕이 한계를 넘어 파열된다. 그리하여 **하나님을 향한 의무밖에는 존재하지 않는 순간**이 닥친다. 이처럼 하나님을 향한 절대적 의무의 요구가 도덕보다 우세하며, 도덕의 정당성을 보류한다. 이것이 바로 키에르케고르가 말한 **도덕의 목적론적 중지**이다.

아브라함처럼 절대자와의 절대적인 관계를 위해 신앙을 선택한 인간은, 신의 명령에 응답하기 위해 다른 인간들이나 도덕과의 결별을 감수해야 할지도 모른다. 절대자에 대한 주체의 관계는 처음에 회개로 유발되며 **신앙**에 의해 풍요로워진다. 따라서 그것은 **개인적이며 사적인 관계**로서, 자신들을 위해 관계를 구축한 이들과 **일체**가 될 수 없도록 한다. 세상과의 이같은 결렬(일체의 종합을 금지하는)은 종교적인 것을 **고독의 영역**으로 만든다.

기독교인이 되는 것

　아브라함이 옳았던 것일까? 종교적인 것은 자신이 옳다는 것을 어떻게 알 수 있을까? 자신이 오류 속에 있지 않다는 확신을 어떻게 얻을 수 있는가 말이다. 신앙으로 인해 고독 속에 갇히기 때문에 그는 자기 행위의 정당성을 세상으로부터 확인받거나 인정받을 수 없게 된다. 신앙을 선택하는 자는 끊임없이 두려움에 사로잡힌다. 아브라함이 희생 제물을 바치기 위해 산으로 떠났을 때 내내 사로잡혀 있던 두려움이다. 그러므로 믿는 자의 상황은 행복과 안락의 상황이 아니고, 불확실성과 두려움, 전율의 상황이다. 이제 그는 세상과 그 자신 사이에 존재하는 격리와 모순으로 인해 더한층 혹독해지는 상황을 견디어야 한다.

　어떤 인간적인 음성도 들리지 않는 이 고독의 심연에서 확실한 것이라고는 오직 불안뿐이다. 불확실성에 대한 불안 외에는 그 무엇도 확실치 않다. **신앙은 이처럼 불안에 찬 확신 속에 있다.** 자체에 대하여, 또 하나님과의 관계에 대하여 확신하는 불안이다. 그러나 불안을 통해 인간이 하나님과의 자연스런 관계를 그르쳤을 때 이 불안은 더한층 고통스럽게 다가온다. 그런데 그의 과오와 죄의식이 크면 클수록 역설적으로 그는 더욱 하나님께로 끌림을 느낀다. 키에르케고르가 보기에, 종교적인 것은 **"과오라는 마구를 달고 영원을 향해 달린다."**(《후서》, p.360)

　진리에 대한 절대적인 갈망과, 인간 본성에 원래부터 깃들어 있는 죄로 특징지어지는 이 인간 조건의 역설은 그 자체로서 하나의

추문이다. 기독교는 바로 이러한 추문의 구현이 되고자 한다. 인간으로서 고통받고 죽은 그리스도는 하나님으로서 말씀하셨다. 추문은 신앙을 갖게 해달라고 하나님께 기도하는 인간의 상황에서 또한 실현된다. 여기서는 기도 자체가 하나님의 선물이다. 그런가 하면 하나님의 전능하심이 순교자와 같은 천한 모습으로 표출될 수도 있음을 인정하는 것 역시 추문이다.

기독교는 바로 이같은 추문이다. 추문이 없다면 기독교는 **신앙**의 대상일 수 없다. 그런데 키에르케고르에 따르면, 우리가 앞장에서 본 제도화된 기독교는 이 추문을 제거시켰다. 스스로를 일요일 종교로 만들기 위해, 또 예배당 좌석에 앉아서만 참여하는 세속적인 기독교가 되기 위해 말이다. 벌거벗겨지고 모욕당하며 피흘리는 그리스도와는 정반대의 상황이 벌어지고 있는 것이다. 제도화된 기독교에서는 신앙이 더 이상 필요 없으며, 도덕만이 중요하다. 키에르케고르의 생각에, 제도화된 기독교는 추문과 역설의 무한한 깊이에는 전혀 도달하지 못하고 그저 윤리적인 단계에 머물러 있을 따름이다. 이에 대한 큰 책임이 루터에게 있다고 키에르케고르는 보았다. 루터는 그리스도를 명상하면서 하나님보다는 인간을 강조함으로써 역설을 완화시키고 추문을 이완시키는 일을 하게 된 셈이었다. 신앙은 역설이라고 키에르케고르는 주장한다. 우리는 인간 조건의 불안에서 벗어나기 위해 신앙에 기대지만, 바로 신앙 자체가 불안을 내포하기 때문이다.

종교적인 것에 포함된 난점들로 인해, 우리가 앞서 말한(§2.1) 가능성의 문제가 다시 제기된다. 즉 믿느냐, 믿지 않느냐? 하는 식으로. 신앙은 실존적인 선택으로서 결단의 모습을 띤다. 따라서 선택

에 불가피하게 따르는 불확실성을("난 올바른 선택을 했는가?"라는
물음) 항상 자체 내에 품고 있다. 욥이 바로 이런 난관에 봉착했었
다. 무엇 하나 부족할 것 없이 부유하고, 무엇보다 의인이었던 욥
을 하나님은 시험에 부치신다. 일곱 명의 아들과 세 명의 딸, 큰 가
축떼 등, 욥은 많은 것을 소유하고 있었다. 그런데 이것들을 불시
에 모두 잃고 말며, 육신마저 더러운 상처로 뒤덮인다. 절망의 구
렁텅이에서 욥이 말한다.

"평화, 평안, 안식은 간 곳이 없고 두려움만이 끝없이 밀려오는구
나."(〈욥기〉, 3장 26절)

그렇다면 욥은 올바른 선택을 한 것일까? 그를 찾아와서 그가
그렇게 된 이유를 설명하려는 친구들은 아마도 그렇지 않다고 확
신했을 것이다. 하지만 그들은 욥과 같은 상황에 처한 적이 없으
며, 이레 낮밤을 침묵하지도 않았다. 그렇다면 이 긴 침묵의 시간
동안 욥의 영혼에 무슨 일이 닥쳤던 것일까? 그는 자신이 한 선택
을, **순간** 속에 현시되었던 이 선택을 저울질해 보지 않았을까?
우리가 이미 앞에서 잠시 살펴보았던 순간이라는 개념은 키에르
케고르 철학에서 매우 중요한 범주로서, 본질적으로 모호성을 내
포한다. 한편으로 그것은 과거와 미래의 분기점이자 역사의 시작
이라는 의미에서 시간(인간의) 속에 들어 있다. 다른 한편으로는
무언가가 영원히 고정되는 시발점으로서, 이런 의미에서 시간 밖
에 위치하며, 또한 **영원**에 속해 있다. 그것은 시간과 영원, 인간과
하나님이 만나는, 특권을 부여받은 시점이다. 시간상의 결렬(과거

와 미래)을 의미하는 그것은 구체적으로 '도약'으로 표출될 따름이다. 다시 말해 A 상황이 B 상황으로 바뀌는데, A에 대해 완전히 이질적인 B가 A로 회귀할 가능성은 없다. 그렇다면 도약의 원동력은 무엇인가? 의지이다. 도약은 결국 **결단의 범주**에 들어간다.

신앙은 의식을 진정시키지 않으며, 믿는 자에게 은총을 경험하리라는 확신을 주지도 않는다. (인간은 죄의 상태에 있기 때문이다.) 대신 불안이 가중되는 불확실성으로 그를 던져넣는다. 거기에는 영혼의 영원한 지복, 그의 구원이 달려 있기 때문이다. 그러나 바로 이런 상황에 의해 인간은 죄와 불확실성 속에서 **개인**으로서 절대적인 것과의 절대적인 관계 속으로 들어갈 수 있다. 요컨대 죄를 통해 **개개인**은 하나님과 사적이고도 독자적인 관계를 수립한다. 앞서 이미 언급했듯이, 키에르케고르가 보기에 기독교는 온전히 역설에 속해 있다. 그것은 죄인이라는 인간의 조건을 강조함과 동시에, 절대자와의 관계에 있어 개인의 특권을 강조한다. (불멸은 사적인 영역이 아닌가?) 종교적인 단계에서는 이 역설에 대한 의식과 명상이 지배적이다.

하나님의 본성은 선택을 용납하지 않는다. 그렇긴 해도 바로 이 하나님의 본성으로부터, 영적 선택인 신앙이 생겨난다.

추문, 역설, 필연성, 선택, 의심, 불안, 고독. 이런 것들이 바로 존재와 기독교의 특성이다. 키에르케고르의 경우 **기독교인이 되는 것**이야말로 진정한 물음이었음도 그 때문이다. 신앙은 절대자와의 절대적으로 사적인 관계를 의미하며, 또 신앙의 진리는 개념적 진리(2+2=4라는 식의)가 아니라 '나를 위한' 진리이다. 그렇기 때문에 기독교인은 기독교의 진리를 추상적으로 살아가는 자일 수 없으며, 그보다는 날마다 그 진리의 증인이 되어야 한다. 기독교를 증거한다는 것은 그 진리에 따라, 그 진리를 위해 심미가와 윤리적인 인간은 알 수 없는 방식으로 산다는 것이다. 즉 역설적인 기독교에 한 존재로서 **참여**하려면 세속적인 도덕의 여러 타협과 갈등에 들어갈 수밖에 없다는 말이다. 주일 미사에 간다는 것은, 자신의 나귀를 준비시켜 사흘 동안 모리아 산을 향해 가거나 이레 낮밤을 침묵하는 것과는 다르다.

기독교인이 되는 것, 기독교인이어야 한다는 것은 키에르케고르의 반성이 도달하는 지점이자 걸려 넘어지는 지점이기도 하다. 그것은 절대 진리를 위한 절대적 참여의 내기이자, 자족하는 세상 속에서 **진정성**을 찾으려는 근본적인 모색이기 때문이다. 기독교인이 되는 것은 그리스도의 수난을 반복함이며, 희생을 원함이다. 삶은 '잔잔한 대하(大河)'가 아니라 사나운 돌풍이다. 그리고 그 진실은 고통이다.

"천재는 바람에 흔들리는 촛불이 아니고, 광풍에 타오르는 큰불이다."

기독교인이 되고자 노력한다는 것은 광풍에 타오르기를 받아들이는 것이다. 온갖 광풍에.

III
주제별 탐색

지금까지 우리는 쇠렌 키에르케고르의 사상을 그 역사적·철학적 맥락 속에 자리잡게 한 다음, 단계의 철학이 제시하는 경로를 대충 살펴보았다. 이 단계들은 인간의 근본적인 삶의 태도, 즉 다양한 존재 방식을 특징짓는다. 하지만 그것들만으로 존재 전체를 설명할 수는 없을 것이다.

실재로 이 '근본적인 태도들' 외에도 여러 감정이 존재를 뚫고 지나가며, 이 근본적인 태도들에 영향을 미치고 수정을 가하기도 한다. 그러므로 존재에 대한 반성을 단지 그 여정을 작성하는 데 제한시킬 수는 없으며, 인생의 도상에서 마주치게 마련인 함정과 난관을 부각시키지 않을 수 없다. 가혹한 여정으로 인해 여행이 의미를 갖기도 하니 말이다. 존재의 철학이 **분석적인** 방법으로만 이루어질 수는 없으며, **주제별** 탐색이 필요한 것도 그 때문이다. 불안, 절망, 개인과 순간의 관계, 역사와 공동체 등, 키에르케고르는 자신의 저서 속에서 이런 주제들을 공공연히, 때로는 헤겔 철학과 대비시키면서 다루었다. 그리고 그 자신 특유의 **의사소통 이론** 및 **존재의 변증법**에서 출발해 이 주제들을 대대적으로 짜나간다.

제3장에서는 이같은 주제별 탐색을 시도코자 한다.

1. 불안

불안은 구체적인 존재에서 출발하는 철학의 주요 테마이다. 또한 하이데거와 사르트르 철학에서 발견되는 주제이기도 하다. 우선 하이데거 철학에서 불안은 무(無)에 직면해 느끼는 '**현존재 (Dasein)**'의 불안정을 상징한다.(《존재와 시간》, §53, §68b) 그런가 하면 사르트르가 본 불안은 우리의 행위 하나하나에 대한 철저한 책임 의식이다. 그러나 철학에 불안의 개념을 도입한 인물은 키에르케고르이다. 거기서 불안은 넓은 의미에서, 세상 속에 자신이 처한 상황을 이해하는 인간의 태도를 설명해 준다.

키에르케고르에게 있어 절대자는 이질성이자 넘을 수 없는 거리, 초월성이다. 절대 진리는 인간이 아무리 애써도 닿을 수 없는 곳에 있다. 이것이 인간의 조건이다. 때문에 그는 자신의 선택이 옳은지 확실히 알지 못하면서 선택할 수밖에 없다. 절대적인 것의 초월성, 불가능한 확신. 진리는 가능성이라는 개념을 여기서 엿볼 수 있다. 신앙은 진리에 대한 객관적 확신이 아니라 참된 것에 대한 주관적 확신이며, **가능성** 속에 넘겨진 인간이 기댈 수 있는 버팀목이다.

인간 존재의 한계 · 연약함 · 불안정, 다시 말해 유한성은 진리의 문제를 논할 때 배제될 수 없으며, 오히려 받침점이 되어야 한다고 키에르케고르는 본다. 키에르케고르가 헤겔을 꾸짖는 것도 이런 의미에서이다. 헤겔은 현실을 고려치 않고 이론적으로 세상의 운명을 결정지으려 했다고 보았기 때문이다. 소위 말하는 **실존주의**란 진리에 대한 철학적 담화의 구축에 있어서 주체(불안, 불확실성, 결점과 결함을 지닌)가 담당하는 결정적인 역할을 인식함이다.

단계의 철학이 이 실존주의를 정립하였다. 세상은 인간에게 무한한 가능성을 제공한다. **불안은 정확히 말해 가능성으로 인해 생겨나는 것이다.**

1844년 비길리우스 하우프니엔시스(코펜하겐의 각성자)라는 가명으로 출간된 《불안의 개념》의 저자는 자신의 저서를, "원죄라는 교의학적 물음에 선행하는 단순히 심리학적인 설명"으로 소개했다. 철학적이 아닌 심리학적인 설명이었다!

불안('죄다' '질식시키다'의 의미를 지닌 라틴어 *angere*에서 유래한)은 공포와는 반대로 분명한 대상이 없는 감정이다. 불안이 더욱 가중되는 이유는 대상이 분명치 않다는 것, 대상을 파악할 수 없으며, 대상이 **아무것도 아니라는 사실**에 있다. 키에르케고르가 말하는 불안은 개인이 세상과 맺는 관계, '자유'에 의해 결정되는 관계를 드러내는 상태이다. 우리는 좀더 나중에, '단순히 심리학적인 설명'이라는 부제가 의미하는 바를 살펴볼 것이다. 〈창세기〉가 그려내는 인간의 타락이 우리에게 그 예를 제시한다. 실제로 불안이 원죄의 근원이기 때문이다.

최초의 인간이었던 아담은 그 자신인 동시에 인류였다. 에덴에서 그는 순진무구한 무지의 상태에서 살았다. 이 무지가 그의 타락을 결정짓는다. 하나님이 아담에게 **"너는 선과 악을 알게 하는 나**

무 열매는 따먹지 말아라"라고 했을 때, 아담은 완전한 순진무구의 상태에서 이 금지 명령의 의미를 이해하지 못한다. 선과 악이 무엇인지, 그는 몰랐기 때문이다. 그에 따르는 벌도 이해할 수 없었다. 죽음을 몰랐기 때문이다. 그렇긴 해도 이 금지로 인해 그의 무지는 **힘의 불안한 가능성**을 부여받게 된다.(《불안의 개념》, p.204-205) 아담이 갑작스레 맞닥뜨리게 된 것도 자신의 **자유**, 다시 말해 이 힘의 가능성이다. 그의 타락의 책임은 바로 불안에 있다. 불안은 아담의 순진무구를, 금지된 사항 및 벌과의 관계 속에 들여놓는다. **"이 불안은 현기증나는 자유이며"**(id. p.224) 바로 이 자유로부터 타락이 온다. 이제 불안은 **가능성의 산 체험**으로 정의된다. 불안은 자유 의지라고도 불리는 추상적인 자유와는 관계가 없다. 그보다는 구체적이고 유한한 자유와 관련된다.

키에르케고르가 보기에 **현기증나는** 자유는 사변적으로 정립될 수 없다. 철학적 담화는 개념을 산출해 내기 때문이다. 즉 철학적 담화는 본질적으로 의미를 한정짓고 적용의 영역에 한계를 부여한다. 그러므로 자유에 대해 말하고 싶다면 논리학의 범주를 벗어나 심리학의 범주로 건너가야 한다. 심리학은 대상에 대해 정의를 내리려 하지 않고, 그보다는 **상태를 묘사**하기 때문이다. 키에르케고르가 자신의 저서 첫머리에서 책의 성격을 철학적 설명이 아닌 심리학적 설명으로 규정지은 것도 그 때문이다. 하나의 상태로서의 **불안**이야말로 자유를 현기증으로 체험할 수 있도록 해준다.

나아가 키에르케고르는 두 가지 유형의 불안을 구분짓는다. 즉 **객관적인 불안과 주관적인 불안**이다. 객관적인 불안이란 인간이라면 **누구나 느끼는** 불안이다. 즉 그는 힘의 가능성, 다시 말해 자신의 자유에 직면해 있는 존재이기 때문이다. 바로 이 불안에 의해 죄가 세상으로 들어온다. 반면 주관적인 불안은, 자신만의 가능성 속으로 뛰어들어 자신의 행위와 죄를 통해 자유의 현기증을 직접 체험하는 인간의 불안이다. "**주관적 불안은 엄격한 의미에서 죄의 결과로 개인 속에 자리잡은 불안이다.**"(id. p.219) 주관적인 불안의 경우, 개인은 자신의 '구원'이라는 가설을 세운다. 그리고 이 '구원'이 현실로 자리잡을 때에만 이 불안은 극복될 수 있다. 이것은 하나님에게는 모든 것이 가능하다는 **신앙**으로만 가능하다. 가능성 속에서는 모든 것이 가능하다는 생각으로 초래된 불안으로부터 인간을 해방시켜 주는 것이 이 신앙이다. 개인을 불안으로 몰고 가는 이같은 생각은 부정적인 가능성들밖에는 제시하지 않는다. 하지만 하나님은 가능성에 언제라도 맞설 수 있음을 확신(신앙)함으로써 이 생각을 물리칠 수 있다.

불안은 인간과 동체(同體)이며, 인간을 **정신**에 참여하는 자로 규정짓는다. 그러므로 인간은 불안으로부터 해방될 수 없다. 요컨대 인간이 가능성을 인식하지 못하고, 따라서 정신도 지성도 없다면, 불안 또한 모를 것이다. 고로 불안은 인간의 정신성과 관련된다는 결론을 내릴 수 있다. 따라서 불안으로부터의 해방은 자기 자신으로부터의 해방과 마찬가지로 불가능하다.

"채무자가 그럴듯한 핑계를 대어 채권자로부터 벗어날 수는 있다. 하지만 절대로 속일 수 없는 채권자가 있는데, 그것은 정신이다."

인간은 정신과 지력으로 자기 자신과 자신의 조건에 대해 생각한다. 정신이 배제된 동물적인 생활 방식, 불안이 배제된 삶을 받아들일 수 없음을 생각한다.

"인간이 천사나 짐승이라면 불안을 느끼지 않을 것이다. 그러나 그는 이 둘의 종합이기에 불안을 느낄 수 있다."(id. p.328)

주관적인 불안은 정신성으로 인해 증폭된다. 그리스도가 유다에게 **"네가 해야 할 일이면 빨리 하라"**라고 말씀하셨을 때 그리스도를 옥죄었던 불안을 생각해 볼 수 있다. 그리고 루터를 불안에 빠뜨렸던 **"하나님, 나의 하나님, 어찌하여 나를 버리셨습니까!"**라고 하신 그리스도의 이 끔찍한 외침은 또 어떤가? 그것은 그리스도의 인간성뿐 아니라, 어떻게 존재가 가능성이며 이 가능성이 불안인지를 보여 준다. 객관적인 불안에는 깊이가 없지만 말이다. 하나님이신 예수는 자신에게 무슨 일이 닥칠지 알며(닭이 세 번 울기 전에 베드로가 세 번 그를 배반할 것임을 베드로에게 예고했듯이), 제자에게 그 일을 빨리 행하라고 명령한다. 그러나 인간이신 그리스도는 절대적인 절망 속에서, 자신이 아무것도 모른다는 사실을 발견하고 울부짖는다……

오늘날 실존주의 철학자들이 인정하는 키에르케고르의 독창성은 다음과 같은 반성에 있다. 즉 **불안은, 세상과 가능성──자유의 열매인──에 직면한 인간의 근본적인 조건이라는 사실이다.**

2. 절망

불안은 인간이 가능성으로 인해 처하게 되는 상황이다. 불안을 야기하는 이 가능성은 **세상 속에 처한 인간의 상황**(행위, 사건, 인간 관계 등의 가능성)과 연관된다. 한편 **절망은 자아가 그 자신과 맺는 관계 및 이러한 관계의 가능성에 내재되어 있다.** 절망의 개념을 정확히 포착하려면 자아에 대한 키에르케고르의 이론을 고려해야 한다. 무한과 유한의 통합이자 자기 자신과 맺는 관계의 통합인 이 자아의 이중적 양상을 염두에 두어야 한다는 말이다.

자아

'자아' 는 낭만주의의 토대를 이루는 개념이다. 그것은 피히테와 셸링의 철학에서 가장 중요한 역할을 맡고 있을 뿐 아니라 헤겔의 사상에서도 중요한 자리를 차지한다.

여기서 우리의 관심을 끄는 문제의 총체적인 의미를 파악하려면 잠시 칸트로 거슬러 올라갈 필요가 있을 것 같다. 칸트에게 있어 자아는 인지의 대상일 뿐만 아니라 사고의 주체이다. 그리고 자아 혹은 '나는 생각한다' 는 사고의 다양성에 단일성을 부여하는 것이자, 일체의 표상에 수반되는 것이기도 하다.(《순수이성 비판》, Anal., 1. I 그리고 2^e section) 자아는 우선 나 자신에 대한 인식, 즉 모든 표상의 동반자로서의 역할에 대한 인식이며, 둘째로는 타인에 대한 인식이다.

개념에 의미를 부여하는 것이 바로 이 **통합**의 힘인데, 낭만주의자들이 그 적용 범위를 크게 확대시켰다. 피히테는 **절대 자아**의 이론을 발전시킨다. 즉 자체의 통합 능력(전문 용어로 '**지각력**')을 너무도 훌륭히 사용하여 모든 현실의 창조자가 되는 자아이다.(《과학의 신조》, 1794, Ⅲ, §5, Ⅱ) 자아는 낭만주의자들에게 있어서 절대적이고 무한한 자기 인식이 된다. 모든 것을 자기 자신 속에서 찾는 '무엇,' 고삐 풀린 주체가 되는 것이다. 키에르케고르의 경우에도 주체는 가장 중요한 자리를 차지하지만 동시에 한계를 내포한다. 하나님이라는 한계이다. 주체의 한계인 하나님은, 믿는 자가 하나님과 더불어 구축하는 관계라는 의미이다.

반면 헤겔은 그의 '체계' 속에서 자아의 의미를 축소시키며, 그것을 단지 자기 확신 정도로 삼는다.(《논리학》, Ⅰ, 1) 그가 추구하는 것은 지식이다. 자아와 비자아, 주체와 객체의 구별이 통합에 의해 사라지는 절대 지식이다.

이 주의주장들은 저마다 차이를 내포하지만, 그럼에도 불구하고 '자아'가 하나같이 추상적으로 간주된다는 점에서 일치한다. 인식 및 자아의 통일성은 자체의 **안정성**을 강조한다. 그런데 키에르케고르가 맞서 싸운 것이 바로 이 인식의 통일성이다.[1] **통일성**으로서의 **자아**에 그는 **관계**로서의 **자아**를 대치시킨다. 통일되어 있는 것은 안정성을 지니지만, 반대로 관계 속에 있는 것은 불안정

---

1) 자아가 그 자체로서 통일성이며 안정되고 무한하고 절대적이라면 '계시'는 아무 소용이 없을 것이다. 계시란 일시적인 인식(본래 불안정·불완전하고, 유한하며 선택적인)과 영원한 진리 간에 구축된 관계이기 때문이다.

하고 변화하며 부서지기 쉽다. 그러므로 관계로서의 자아는 무엇보다 자신이 불안과 주저, 병, 죽음에 예속되어 있는 **불안정한** 형성물임을 깨닫는다.

"인간은 정신이다. 그렇다면 정신이란 무엇일까? 그것은 자아이다. 그러면 자아는 뭐란 말인가? 자아는 자기 자신과 관계하는, 하나의 관계이다. 즉 그것은 관계 속에서, 이 관계가 내면으로 방향을 트는 것을 의미한다.
인간은 무한과 유한, 일시적인 것과 영원한 것, 자유와 필연의 종합, 요컨대 하나의 종합이다. 종합이란 두 용어간의 관계이다."[2]

이 관계, 즉 자기 자신과 맺는 관계에 대한 반성이 **자아**를 형성한다.

죽음에 이르는 병

절망은 자아에 속해 있다. 그것은 자아라는 여러 관계의 종합이 내적 불화를 이루는 상태이다.(《죽음에 이르는 병》, p.354) 하나님은 인간을 관계로 만드시며, 이 관계가 자율적으로 발전하는 데 동의하셨다. 그러므로 인간은 그 책임을 지고 자신에게 주어진 자유를 감당해야 한다. 자기 자신이 되든지 그렇지 않든지 하면서.

---

2) 《죽음에 이르는 병》(혹은 《절망에 관한 개론서》), Gallimard, col. TEL, Paris, 1990, p.351.

그러나 자아가 자기 자신이 되고자 해도 그는 유한한 본질로 인해 균형과 휴식에 도달하지 못한다. 또 그가 자기 자신이기를 원치 않는다 해도, 자신을 형성하는 관계로부터 벗어날 수 없다는 현실에 부딪친다. 이것이 바로 절망이 의미하는 바이다. 절망은 **주관적 자아와 객관적 자아가 분리되어 있다는 느낌**으로부터 초래된다.

키에르케고르는 절망이 '죽음에 이르는 병'이라고 말한다. 이같은 표현에 우리는 어떤 의미를 부여해야 할까? 우선 이 말은 죽음이 그 출구인 병을 의미하지는 않는다는 사실을 알아야 한다. 사실 기독교적 관점에서 죽음은 끝이 아니고 영원한 삶으로 건너감이다. 그러므로 엄밀히 말해 기독교인에게 '죽음에 이르는 병'이란 있을 수 없다. 우리가 절망으로 죽을 수 있으려면 우리 내면에 깃든 영원한 무언가가 소멸했어야 할 것이다. 그런데 키에르케고르에 따르면 **"불멸의 유충이자 꺼지지 않는 불안인 이 절망이 자아의 영원성을 잠식시키는 일은 결코 없다."** 심리 분석을 통해 절망의 진정한 주체는 항상 자아임이 드러난다. 예컨대 "시저가 아니라면 아무것도 되지 않겠다"라고 하는 야심가라면 목적을 달성하지 못했을 때 절망에 빠진다. 그렇다면 그는 무엇에 대해 절망하는 것일까? 시저가 되지 못했다는 사실 때문일까? 그가 견딜 수 없는 것은, 그에게 시저가 되겠다는 욕망을 부추긴 무엇이다. 그가 견딜 수 없는 것은, 그 자신이 될 수 없다는 사실이다. 요컨대 그가 절망하는 것은 시저가 되지 못했기 때문이 아니라, 시저가 되지 못한 **자아** 때문이다.

그러므로 절망한 자는 죽음에 이르는 병에 걸린 자이다. 그렇다고 정작 우리를 죽일 수는 없는 병, 끝없는 고통이다. 절망은 죽음에 이르는 병이다. 절망한 자는 자아의 죽음(자아가 자기 자신과 맺고 있는 관계의 수정과 변경)을 원하기 때문이다. 실제로는 죽을 수도 없는 자아의 죽음이다. **절망은 '죽음에 이르는 병'이다. 그것은 자아의 죽음에 대한 체험이기 때문이다.** 즉 자아를 자족케 하거나 자아의 가능성을 부정하려는 불가능한 시도이다. 죽음에 이르는 이 병은 특별히 두 가지 증세를 보인다. 첫째는, **자신에 대한 절망**이다. 즉 자신을 버리고 싶어하는 것, 진정한 자기가 아닌 자아이고자 하는 것이다. 그리고 둘째는 **결단코 자신이 되고자 하는 것**인데, 이것 역시 자신이 되고자 하지 않는 것이다. 자아의 특성은 불완전하고 의존적이라는 점에 있기 때문이다.

적어도 두 가지 종류의 절망이 있다. 자아, 인간이 무한과 유한, 일시적인 것과 영원한 것, 자유와 필연의 종합이라면, 이러한 관계를 형성하는 다양한 방법이 있게 마련이다. 그런데 이 절망 가운데 한 가지는 무한 자체를 인정하지 않으려는 것, 자신의 내면 생활에 대해 책임지기를 거부하는 것이다. 즉 이 내면 생활이 제기하는 근본적인 문제들(삶의 의미는 무엇인가? 하나님은 계시는가? 나는 누구인가? 등)과 요구 사항에 대한 책임을 거부함이다. 이것은 가장 널리 만연해 있는 절망이다. 진정한 정신 생활이 박탈된 삶을 사는 사람들 및 철학자 · 신비가 · 사상가 등 다른 이들이 자신들의 내면 생활을 채워 주기를 기대하는 자들의 절망이다.

또 하나의 절망은, 자아는 필연과 자유의 종합임에도 불구하고 자유 혹은 필연이 결핍되어 있다는 사실로부터 초래된다. 필연의 결핍은, 절대로 소진되지 않는 무궁무진한 가능성을 향한 자아의 도피(심미적인 삶에서처럼)이다. 여기서 절망은 심미적인 의미에서의 **도피**이며, **흥미로운** 무언가가 된다. 그런가 하면 결정론적이며 운명론적인 자아가 있다. 그들에게는 오직 필연성만 존재하기 때문이다. 또 정신의 결핍을 의미하는, 속물의 절망도 있다.(《죽음에 이르는 병》, p.386) 이처럼 가능성 속에서는 모든 것이 가능하므로, 우리는 이러한 가능성에 두 가지 형태로 투신하는 개인들을 만난다. 즉 욕망과 욕구로, 혹은 멜랑콜리와 상상력(희망, 두려움, 불안)으로 투신하는 이들이다.

치유책: 믿음

죄의 본질은 절망이다. 그러므로 죽음에 이르는 병에 대한 치유책은 믿음이다. 그렇다면 어떻게 이런 결론에 이르게 되는 것일까? 키에르케고르에 따르면 다음과 같다.

죄는 하나님이 정해 놓으셨다고 간주되는 도덕 규범을 고의적으로 어김이다.[3] 하나님이 정해 놓으셨다고 간주되지 않는 도덕 규범의 위반은 죄가 아니라 그저 과오이다. 모든 과오(예를 들면 도둑질)의 반대는 미덕(이 경우에는 정직)이다. 미덕은 과오를 바로잡는다. 그렇다면 죄를 바로잡는 것은 무엇일까? 그것은 '믿음'이라고 키에르케고르는 대답한다.

절망은 우리에게 무엇을 가르치는가? 그것은 다음의 사실을 가

---

3) 성 아우구스티누스(《Contra Faustum》, XXII, 27), 토마스 아퀴나스(《신학대전》, II, 1. p.71, a. 6), 칸트(《단순 이성의 한계 속에서의 종교》, I, sec. IV; II, sec. I, c)의 견해이기도 하다.

르쳐 준다. 즉 자기 자신이 되고자 하는 자아는 그렇게 될 수 없으며(그의 유한한 본질 때문에), 또 자기 자신이 되기를 원치 않는 자아도 비슷한 실패를 맛보게 된다는 것이다. 절망을 이겨내기는 불가능하며, 그것은 죽음에 이르는 자아의 병이라는 사실을 절망이 가르쳐 준다. 그러나 절망을 이겨내기 불가능하다는 것은 하나님을 믿지 않는 자, 믿음이 없는 자에게 국한된다. 구원이 인간에게는 불가능할지 모르나, 하나님에게는 모든 것이 가능하다. 따라서 절망의 유일한 치유책은 믿음이다. 믿음을 갖는다는 것은, 하나님에게는 불가능이 없음을 믿는 것이기 때문이다.

"기절하는 사람 앞에서 우리는 소리친다. 물을 가져와! 향수! 아니, 각성제를 가져와! 하고. 그러나 절망에 빠진 자를 두고는, 가능성을! 가능성을!이라고 외친다. 하나의 가능성만 있어도 우리의 절망한 자는 다시 숨을 쉬고 살아난다. 가능성이 없다면 우리는 숨을 쉬지 못하는 것이다. 때로 사람들은 그저 기발함을 발휘해서 가능성을 찾아내기도 한다. 하지만 궁극적으로 믿음이 문제될 때, 치유책은 오직 한 가지이다. 즉 하나님에게는 모든 것이 가능함을 아는 것이다."(《죽음에 이르는 병》, p.385)

그러므로 키에르케고르에게 있어서 죄는 절망에, 즉 믿음을 가질 수 없다는 사실에 있다.

믿음을 절망과 죄의 치유책으로 보는 견해는 전통 윤리 도덕과 완전히 모순된다. 이같은 견해는 전통 윤리 도덕과 기독교 사이에 존재하는 근본적인 차이점들 가운데 하나이기도 하다.

우리는 모두 소크라테스에 대해 들어 알고 있다. 그의 고결한 삶, 그리고 그가 무고하게 유죄 판결을 받았고, 죽음의 순간까지 의연한 태도를 견지했음을[4] 안다. 그런데 소크라테스가 보기에 고의적으로 악을 행하는 자는 없었다. 악을 행하는 자는 무엇이 선인지 모르는 자이다. 그러므로 악을 행하는 인간을 벌할 것이 아니라 가르쳐야 한다. 무엇이 선인지 가르쳐야 하는 것이다. 무엇이 선인지 안다면 더 이상 악을 행할 수 없으리라는 것이 소크라테스의 생각이었다. 때문에 소크라테스는 아테네의 여러 광장에서 사람들에게 질문을 던졌다. 인간을 특징짓는 지력(智力), 인간은 최상의 목표를 노리며 이 지력을 구체적으로 실현시키는데, 이렇게 해서 덕의 훈련이 이루어진다. 여기서 우리는 고전윤리의 양상을 목격한다.

하지만 소크라테스적 사고가 간과한 것이 있다. 인간은 무엇이 선인지 알면서도 악을 행할 수 있다는 사실이다. 그런데 기독교는 **역설**의 힘을 빌려서 이 악순환으로부터 도덕적 사고를 몰아낸다. 즉 나는 선이 무엇인지 알며 그 사실을 인정하지만, 그럼에도 불구하고 악을 행한다는 역설이다. 이 역설은 다음의 사실을 보여 준다. 인간은 죄가 무엇인지 가르쳐 주는 신의 계시를 필요로 한다는 것. 그런데 죄는 무엇이 올바른지 이해하지 못한다는 사실에 있지 않고, 이해하기를 원치 않는다는 것, 이 **원치** 않는다는 사실에 있음을 계시가 보여 준다.(《죽음에 이르는 병》, p.449) 자아가 그 자신과 맺는 관계는 물론 도덕적 행위에 있어서 본질적인 것은 '의

---

4) 플라톤의 《소크라테스 변명》과 《파이돈》에서 그 이야기를 읽을 수 있다.

지' 이지(올바른 것을 **원하기**, 아니 그보다는 **자기 자신이기를 원하기**) '이해'가 아니다. 앞서 언급한 역설이 증명하듯이 말이다. 그런데 역설은 이해되는 것이 아니라 그렇다고 믿는 것이다. 이해한다는 것은 인간과 인간 사이에 정립되는 관계인 반면, 믿는다는 것은 인간과 신의 관계, 즉 '믿음'의 관계를 함축한다. 인간은 절망에 빠질 수밖에 없다고 키에르케고르는 말한다. 그는 선이 무엇인지 알면서도 악을 행하는데, 이런 그에게 믿음이 없다면 자신의 힘으로 이 악과 절망으로부터 벗어날 수 있다는 환상을 늘 간직하겠기에 말이다. 그런데 인간이 자신의 절망으로부터 벗어나려면 죄에 대해 철저히 맞서는 태도를 선택하지 않으면 안 된다. 그렇다면 '죄의 반대는 덕이 아니라 믿음이다.'

여기서 우리는 키에르케고르가 품었던 중요한 확신들 가운데 하나에 접근하게 된다. 믿음이 절망에 대한 치유책이라면, 그것은 개인을 이성과 모든 이해 가능성 너머로 몰아간다. 믿음은 부조리이자 역설, 추문이기 때문이다. 개인은 존재 속에서, 또 하나님 앞에서 어떤 입장을 견지해야 할 의무를 진다. 하나님을 얻기 위해 자신의 이성을 잃어야 할 의무를 진다. 이것이 바로 믿음의 행위이다.(《죽음에 이르는 병》, p.384) 키에르케고르의 근본 주제라 할 수 있는 믿음은 또한 존재 및 이 존재가 속박되어 있는 대상의 철저한 변화를 의미한다. 존재는 가능성과 연관된 절대적 불안정으로 특징지어지는데, 믿음은 자아와 세상, 자아와 자기 자신 간에 안정성의 관계를 수립한다. **하나님에게는 모든 것이 가능하다는 단 하나의 원칙에 의해 불안과 절망을 제거하는** 관계이다.

그러므로 키에르케고르에게 있어 절망은 큰 중요성을 띤다. 절망은 실존적 진리의 기반이 되어 주기 때문이다. 다시 말해 **나 자신을 위한** 진리, 이 진리 탐색의 발단이 절망에 있다. 그것은 우리를 믿음으로 인도한다. 실제로 절망은 한 인간 전체를 문제삼는다. 이것을 이성의 행위(의심이 사고의 행위이듯이)로 볼 수는 없다. 인간이 절망에서 벗어나려면 가능성을 필요로 한다는 사실을 앞에서 보았다. 절망은 우리로 하여금 가능성을 선택토록 하는 행위를 통해(《이것이냐 저것이냐》에서 배석 판사가 A문서의 저자인 심미가에게 요구하는, **'당신 자신을 선택하시오'** 라는 말), 왜 인간은 선택을 위한 하나의 잠재성인지가 드러나도록 한다. 그리고 삶은 다양한 가능성들로 이루어졌음을 보여 준다. 그렇기 때문에 데카르트——의심에서 출발해 사고에 이르는——와는 반대로 키에르케고르는 절망을 시발점으로 삼아 존재에 도달한다. 즉 '가능성' 에 도달하는 것이다. 이 가능성은 오롯이 기독교인이 되는 것을 지향하며, 이것이 키에르케고르 사상의 완결 지점이다.

3. 유한성

지난 장(§2.1)에서는 실존철학에서 말하는 가능성이라는 개념의 중심 역할에 대해 언급했었다. 또한 키에르케고르의 경우, 어떻게 존재는 가능성에 지나지 않는지도 보았다. 키에르케고르는 불안과 절망을 존재의 구성 요소로 인식한다. 존재의 일관된 구조는 바로 '가능성' 이기 때문이다.

이 가능성의 개념이 역사에 대한 키에르케고르의 반성을 풍요롭게 하며, 나아가 헤겔 철학의 통합적인 양상에 맞서 싸우도록 돕는다.(Ⅱ.3의 후반부)

가능성은 존재임과 동시에 비존재이다. 이 말은 무엇을 뜻하는가? 변증법의 개념을 이해하기 위해 잽싸게 나비 한 마리를 잡아 보자. 파르르 떨고 있는 현재의 이 나비는 한때 애벌레였었다. 그러므로 이 애벌레는 **가능태**의 나비였다고 할 수 있다. 긍정적인 결과들이 이어짐으로써 애벌레는 나비가 될 수 있었다. 그렇다고 애벌레가 나비인 것은 아니다. 애벌레는 나비의 **비존재**이지만, 이 비존재 나비가 그렇다고 무(無)는 아니다. 그것이 무라면 애벌레는 절대로 나비가 되지 않았을 테니까. 이처럼 **존재하는 비존재**(아리스토텔레스 식으로 말하면 '잠재성' 인), 이것이 **가능성**이다.

애벌레가 나비가 된 다음, 이 애벌레가 상징했던 존재의 개념이 바뀐다. 즉 **애벌레**의 개념에서 **나비**의 개념으로. 이 둘 사이의 과정, 말하자면 한 상태에서 다른 한 상태로 변하는 것을 우리는 '생성' 이라고 부른다. 그렇다면 이 생성의 역할은 무엇인가? '생성은 가능성에서 현실로 건너감' 을 의미한다. 즉 애벌레 존재 속에 숨어 있던 가능성의 나비가 현실의 나비로 되는 것이다. 이런 의미에서 현실은 가능성의 폐지라고 말할 수 있다. 하지만 현실은 우리에게 끊임없이 가능성을 제공한다. 현실이 가능성을 완전히 폐지하지는 않는 것 같다는 말이다. 그 이유는 무엇일까?

이 질문에 답하려면, 가능성을 필연성과 대치시켜 생각해야 한다. 마찬가지로 선(善)이 온전한 의미를 지니려면 악의 존재와 대치시킬 필요가 있으며, 정의는 부정의와, 평화는 전쟁과 대치시켜 생각할 필요가 있다.

본질적으로 필연은 생성, 즉 변화를 배제한다. 필연은 그 자체로서 완결되어 있기 때문이다. 그것은 항상, 변함없이 자체의 원칙을 따른다. 요컨대 생성되어 가는 모든 것은 스스로 필연이 아님을 증명한다. 그것이 필연이라면 생성되어야 할 필요가 없을 테니까. 결국 생성될 수 없는 유일한 것이 필연이다. 그러므로 필연은 절대적인 존재라고 할 수 있다. 이처럼 필연은 생성되지 않는 무엇인 반면, 가능성은 생성되는 무엇이다. 그런데 현실이 가능성의 완전한 폐지라면, 현실은 필연이 될 것이다. 그리고 현실이 필연이라면, 생성의 결과인 현실 혹은 필연은 가능성의 결과일 것이다. 이 말은 불합리하다. 어떻게 필연이 가능성에서 유래할 수 있는가 말이다. 헤겔은 자신의 《논리학》(II, IV)과 《백과전서》(§147, §149)에서, 필연은 가능성과 현실의 종합이라고 말하면서 이질적인 요소들을 태연스레 종합해 놓는다. 그런데 키에르케고르의 경우에는 가능성이 어김없이 현실에 수반된다. 현실이 가능성을 완전히 제거할 수 없는 것도 이 때문이다.

우리는 불안의 경험을 통해 가능성이 현실에 수반된다는 사실을 확인할 수 있다. 여기서 말하는 불안이란, 현실과 그 무한한 가능성이 개인에게 야기시키는 현기증이다. 앞서 말했듯이 불안은 무한한 가능성 및 무한한 선택으로부터 초래된다. 또한 글자 그대로 나를 얼어붙게 만드는, 선택에 대한 부정적인 예상으로부터 초래된다. 그런가 하면 절망은 현실과 대면한 나에게 제시되는 가능성이 지나치게 많거나 결핍된 데서 비롯된다.

무한한 가능성과 개인의 상황 간에 수립되는 관계는, 소위 말하는 '인간의 유한성'을 규정짓는다. 우리의 본성에 내재한 한계뿐 아니라, 무엇보다 존재의 가능성과의 대면이라는 의미에서 그렇다. 이 대면은 존재(단계들)에 대한 다양한 태도뿐 아니라 개인의 마음속에 깃든 불안과 불안감을 유발한다. 존재한다는 것은, 현실을 수반한 가능성과 대면하는 인간의 유한성을 구체적으로 사는 것이다.

그런데 개인은 어쩔 수 없는 유한성과 함께 자기 앞에 열린 가능성들로 인해 압도당한다. 이때 '믿음'에 기댈 수 없다면 그는 결국 부정적인 감정들에 휩싸이고 말 것이다. 인간의 유한성에 대한 보충물인 이 믿음은 무한한 가능성과 인간의 유한성이 균형을 이룰 수 있도록 해준다. 그리하여 순식간에 존재의 불안과 절망, 두려움과 떨림을 잠잠케 한다. 믿음은 인간을 가능성으로부터 구해 주지만, 또한 필연성——통합적인 사고 및 온갖 종류의 '체계'가 인간을 여기에 고정시켜 두고자 한다——으로부터도 구해 준다. 절대 지식은, 오로지 인간을 그 조합 속에서 제자리를 찾는 상대적 가치로 만듦으로써 도래한다. 반면 키에르케고르는 개인의 특수성을 요구한다. 개인은 그 유한성 자체로 인해 종합——절대적인 무엇, 따라서 필연성으로 이끄는——에 이용될 수 없다는 것이다.

그러므로 믿음은 지적 태도나 철학적 변증법의 여러 순간들 가운데 한순간이 아니다. 그보다는 개인의 유한성 자체에서 나온 근본적으로 실존적인 자세를 의미한다. 이 개인은 현실에 수반되는 놀랄 만큼 많은 가능성 앞에서 하나님이 그를 위해 늘 무언가 하실 수 있음을 안다. 어떤 가능성을 제공하는 해결책을 항상 마련해 놓고 계심을 안다. 그가 숨쉬고 구원받을 수 있도록 말이다.

4. 역사

앞에서(II.4. 윤리적 단계) 우리는 개인의 보편적 역사와 사적 역사 간의 차이와 함께, 키에르케고르가 이 사적 역사에 부여하는 강조점을 보았다. 그리고 19세기 초반에 분명한 영향력을 행사했던 낭만주의 철학에서는 '역사'가 특별한 의미를 지니게 되었음을 보았다.

그렇다면 키에르케고르의 철학 속에서 '역사'라는 개념은 어떤 울림을 지니고 있는 것일까?

생성된 모든 것은 역사이다. 생성된 것의 장소인 역사는 따라서 가능성의 영역이기도 하다. 생성은 자체 내에 중복을 내포할 수 있다. 즉 자체의 고유한 생성 내부에 생성 가능성을 내포한다는 말이다. 이곳이 엄밀히 말해 역사의 장소이다. 이 말은 무엇을 의미하는가? 일례로, 앞서 말한 나비의 경우로 돌아가 그 안에 잠재되어 있는 애벌레를 채취해 보도록 하자. 생성중인 나비인 애벌레는 나비 외의 다른 것이 되기를 원할 수도, 그런 자유를 누릴 수도 없다. 애벌레의 생성은 **일률적**이다. 그 발전을 가로막을 수 있는 돌발 사건——다시 말해 가능성——이 생기지 않는다면 말이다.

그러나 역사의 생성은 일률적이지 않다. 그것은 그 진행 과정을 수정시킬 수도 있는 행위의 자유와 의지로 인해 얼어붙을 수 있기 때문이다. 애벌레의 생성이 나비라면, 역사의 생성은 '이것이냐 저것이냐'이다. 역사의 생성은 **배타적 선택**이다. 역사의 생성이 지니는 중복, 반복의 의미가 이것이다.

키에르케고르에 따르면(상식 및 철학적 전통과 결별한), 행위와 의지의 이같은 자유는 다음의 사실에서 증명된다. 즉 그가 의미하는 역사에 있어서 과거는 미래와 마찬가지로 필연성을 띠지 않는다는 것이다. 과거를 두고 사람들이 필연성으로 간주하는 것이 실제로는 불변성에 불과하다. 여기서 다음과 같은 놀라운 논의가 제기된다. 즉 단지 이미 생성된 것이라는 사실로 인해 과거를 필연으로 본다면, 미래 역시 필연이라는 것이다. 미래가 내포하는 생성이라는 관점에서, 또 과거로부터 부여받은 이 필연성에 의해 그것이 실현된다는 관점에서 말이다. 달리 말해, 과거를 필연으로 본다는 것은 '역사'를 도미노 게임으로 보는 것과도 같다. 도미노의 첫 패가 무너지며 그 여파를 전달한다면 마지막 패도 필연적으로 무너질 것이다. 그런데 우리가 역사의 미래를 예견할 수 없다는 사실은(미래는 가능성이지 필연성이 아니기 때문에), 역사는 해석을 용납하지 않음을 뜻한다. 자체의 의미가 구축되도록 내버려두지 않는다는 것, 다시 말해 과거를 이어 주는 필연적인 논리가 없다는 말이다. 그런 논리가 있다면 미래 역시 일관성을 부여받게 될 것이다. 여기서 키에르케고르는 분명 헤겔의 역사철학에 비판을 가하고 있다.

미래에 항상 수반되게 마련인 가능성은, 현재의 시점에서 볼 때 과거 역시 가능성을 수반한다는 명백한 증거에 불과하다. 따라서 역사를 복습한다는 것은 필연을 복습하는 것이 아니라, 단지 생성된 가능성에 대한 복습이다. 결론적으로 말해, 키에르케고르가 보기에 현실에는 늘 가능성이 수반된다. 그것이 과거이든 현재이든 미래이든 간에 말이다. 그러므로 일련의 사건들이 역사의 본질이 아니라, 사건들의 생성을 초래하는 이 가능성이 역사의 본질임을 우리는 이해하게 된다. 역사를 이해한다는 것은 날짜와 사건을 아는 것이 아니라, 그 **원동력**을 이해하는 것이다.

직접적인 인지의 대상은 언제나 이미 생성된 것이지, 생성 과정에 있는 것이 아니다. 직접적인 인지는 항상 눈앞의 현재를 염두에 두며, 역사, 다시 말해 과거를 염두에 두지는 않는다. 그것은 현재를 포착하는 도구이다. 그렇다면 과거를 포착하는 도구는 무엇일까?

역사는 가능성의 실현임을 우리는 앞에서 보았다. (이 실현 역시 똑같은 가능성이며, 이 실현으로 인해 가능성이 필연이 되는 것도 아니다.) 역사는 또한 생성에 깃들어 있는 불확실성의 제거이다. 그런데 이것은 믿음의 본질이기도 하다. 믿음의 확실성은 언제나 생성의 불확실성과 유사한 불확실성의 제거를 내포하기 때문이다. 믿음은 보이지 않는 것을 믿는다. 믿음은 애벌레를 믿는 것이 아니라(애벌레는 보이는 것이니까), 애벌레가 창조되었음을 믿는다. 그밖의 다른 것도 마찬가지이다. 도래하는 모든 것은 우리의 감각 속에 포착되는 한편, 시간 속에, 나아가 역사 속에 존재한다. 하지만 도래의 움직임 자체는 눈에 보이지 않는다. 그러므로 키에르케고르에게 있어 **믿음은 역사를 포착하는 도구**이다. 어떤 필연성도 없기에 과거나 역사를 우리가 해석할 수 없다면, 역사의 의미는 믿음에 속해 있다. 믿음은 역사의 생성이 지니는 의미이다. (여기서 역사는 신의 현현일 수 없다. 즉 일련의 사건들을 통한 하나님의 자동적 계시가 될 수 없다는 말이다.) 역사의 의미는 개인이 하나님과 맺는 **믿음**의 관계를 통해서만 계시될 수 있다. 즉 '순간' 속에 기재된 관계이다. 그런데 순간은 믿음 없이는 이해될 수 없는, 시간 속으로 들어오는 영원의 역설적인 편입이다. 기독교는 세상 속에 도래하시는 하나님이라는 이 역설을 구현한다. 믿음의 관계란 개인에게 신의 진리가 계시되는 것이다. 그렇다면 개인은 죄인이라는 그의 상황이 증명하듯이 비(非)진리 속에 산다고 할 수 있다. 결국 키에르케고르의 기독교는 앞서 보았듯이 소크라테스의 사상과 정면 배치된다.

진리는 인간을 **초월**하며, 세상에 **내재**해 있지 않다. 그러므로 진리에 접근하려면 초월성(하나님)과의 관계에 들어가야 하는데, 여기에 어려움이 있다. 단지 진리에 접근하는 게 아니다. 불안을 종식시키는 진리, 또한 가능성으로 자아를 풍요롭게 하며 절망에 종지부를 찍게 하는 진리여야 한다. 키에르케고르가 자신의 반성의 중심에 두는 '개인'에게 제기되는 어려움이 이것이다. 개인의 실존적 요구야말로 그로 하여금 진리를 찾고 절대자와의 절대적 관계를 구축하여 '기독교인이 되도록' 부추긴다. 무엇보다 사변으로부터 벗어나야 한다. 개인이 어떤 사변적 체계에 흡수될 수는 없다. 그렇게 되면 그는 큰 전체의 일부로 축소되고 말 것이기 때문이다. 오히려 개인은 관계하는 두 대상 중 하나로서, 바로 이 관계를 통해 진리가 도래한다. 헤겔에게 가한 키에르케고르의 비판이 지니는 의미가 여기에 있다.

5. 비장감

비장감 혹은 실존의 페이소스는, '우리가 겪고 느끼는 것'을 의미하는 그리스어 파토스(**pathos**)에서 유래한다. 이 말은 흔히 우리에게 전해진 강렬한 감동을 표현하기 위해 문학이나 음악에서 사용된다. 그런가 하면 철학에서는 쉴러에 의해 심미학적으로 다루어졌다. 인간에게 신체적 위협을 가해 오는 대상 속에서 구현되는 여러 유형의 숭고한 것들 가운데 하나를 지칭하기 위해서였다.(《비장감에 대하여》, 1793) 그런데 키에르케고르에 이르면 이 말은 더 풍부한 의미를 띠게 된다. 즉 우주와 겨루는 의식이라는 역동적인 의미이다. 키에르케고르에게 있어 **페이소스는 단순히 우리가 느끼는 무엇일뿐 아니라, 또한 외부 세계와의 관계이다.** 따라서 **비장감은 변증법**의 개념과도 연결된다. 나중에 다시 언급하겠지만, 변증법은 주체가 세상과 맺는 관계에 역점을 둔다는 점에서 그렇다. 변증법은 이 주체를 주제로 삼으며, 이 주체에게 새로운 역동성을 부여하는 것이다.

비장감 혹은 실존적 페이소스는 스스로 하나의 행위이고자 한다. 아니면 존재의 변화이고자 한다.[5] 그 목표는 '절대자'와 맺는 절대적 관계의 실현이다. 그것에 도달하려면 개인은 '고통'을 통과해야 한다. 존재가 제시하는 상대적이고 경박한 목표들로부터 우리를 돌려세울 수 있는 것은 오로지 고통이기 때문이다. 심미적

---

5) 《철학적 단편들에 대한 후서》, Gallimard, TEL, Paris, 1989 p.291.

인 삶에서 이미 여러 사례를 볼 수 있었듯이 말이다. **고통은 비장
감의 핵심적인 표현이다.**

고통은 정신의 유희 혹은 철학적 사변에 의해 폐지될 수 없다. 개
인은 고통을 초월할 수 없다. 반대로 고통을 통해 자신의 존재를
반성함으로써 이 존재를 획득한다.(《후서》, p.300) 이렇게 개인은
고통을 통해 자신에게 도달하기 위해 고통 속에서 **인내해야** 한다.
하지만 시인들처럼 행동하라는 말은 아니다. 그들은 고통을 통해
자신을 이해해야 할 의무는 지지 않은 채 고통으로 작품을 창조한
다. 이런 각도에서 보면 시인의 작품은 고통 앞에서의 도피를 드
러낸다. 그런데 고통――**고난**[그리스도의 수난과 연관지어 생각할
것]의 의미가 내포된――속에서 인내하는 자, 이 사람은 절대자와
의 절대적인 관계를 구축하지 않을 수 없게 된다. 〈이사야〉서에 씌
어 있듯이, **하나님은 상한 마음에 거하시기** 때문이다.(〈이사야〉, 57
장 15절)

개인이 절대자와 절대적인 관계를 맺고 있음을 보증해 주는 고
통은, 그가 종교적인 인간이라면 인간이 겪는 특별한 고난을 상징
한다.[6] 키에르케고르가 보기에는 "고통이야말로 신성한 관계의 표
현 방식이기 때문이다."(《후서》, p.306) 그러므로 개인이 절대자와
의 절대적인 관계에 있는지 여부를 알려면 이 개인이 고통스러워
하는지 보아야 한다. 고통을 느끼지 않는다면 그는 사변에 빠져 있
거나, 아니면 시인의 역할을 맡고 있음이 틀림없다.

---

6) 종교적인 '파토스'와 같은 고통의 개념이 키에르케고르로 하여금 덴마크
국가 교회에 맞서게 했음은 이해가 간다. 그의 생각에 이 국가 교회는 지나치게
화해적·타협적이며, 고통과는 거리가 멀었던 것이다.

직접성을 포기하는 데에는 고통이 따른다. 이때 우리는 상대적인 목표를 갖고 절대적인 관계에 들어갈 수는 없음을 이해한다. 그런가 하면 절대적인 관계는 그 자체로서 고통이다. 우리는 자신이 절대자 앞에서 아무것도 아니라는 사실을 이해하기 때문이다. 또 이 관계는, 이렇게 스스로 무(無)임을 자각하며 무능 가운데 인내함이기 때문이다. 그런데 고통이 점점 심해져 가면서, 개인은 자신이 절대자와 맺고 있는 절대적 관계가 왜곡되었음을 인식한다. 개인인 그가 자신의 **과오**를 인정하고, 절대자 즉 하나님 앞에서 항상 잘못을 저지른다는 사실을 깨닫는다면 말이다. 앞에서 이미 언급했듯이 존재와 과오는 분리될 수 없는 것이다. 그러므로 자신의 과오를 뚜렷이 의식할수록 개인은 절대자에게로 이끌린다.

고통이라는 이 주제를 통해 키에르케고르는 철학과 종교의 근본적인 차이를 확인케 된다. 즉 철학적 교의는 오로지 사변적으로 포착되고 이해되는 반면, 종교적 교의는 존재 속에서 구체적으로 실현된다는 사실이다.

"종교적 교의에 있어서 이해가 문제될 경우, 그것은 교의 안에 있게 마련인 어려움에 대한 이해든지, 아니면 이 교의가 신도에게 부과하는 엄청난 실존의 과업에 대한 이해이다."(《후서》, p.255, note 1)

그런데 이같은 내면으로부터의 이해는 비장감, 다시 말해 고통을 통해서만 가능하다. 자신의 자아를 심화시키며 과오를 인식함으로써 가능하다는 말이다. 고통을 통해 이루어지는 실존의 이 심화 작업을 키에르케고르는 '변증법'이라 부른다.

6. 존재의 변증법

키에르케고르는 헤겔 비판에 있어 셸링에게 크게 힘입고 있으며, 슐라이어마허의 《종교에 관한 담론》과 피히테로부터 영향을 받는다. 베를린에서 들은 셸링의 강의——그를 실망시켰던——로부터 키에르케고르는 몇 가지 근본적인 생각을 도출해 낸다. 우선 체계라는 논리적인 움직임 및 그 생성은, 체계에 선행하는 경험을 전제하지 않고서는 불가능하다는 것이다. 생성은 경험에서 유래한 개념이며, 경험이 사고에 앞서기 때문이다. 실제로 정신은 항상 현실로부터 출발한다. **헤겔이 변증법을 사고의 한 특징으로 삼았다면**(§2.1 참조), **키에르케고르는 변증법을 존재의 여러 특징들 가운데 하나로 삼는다.** 이 말은 무슨 뜻인가? 존재한다는 것, 그것은 아주 개괄적으로 말해 변화된다는 것, 변한다는 것, 요컨대 **생성**을 의미한다. 존재는 어떤 상태가 변하여 다른 상태로 됨을 구체적 · 실질적으로 증거한다. 우리는 변화하고, 몇 마디 말로 자신을 이해하려고 노력하고, 자아 탐색에 나서고, 상대방과 이야기하듯 자기 자신과 대화한다. 하지만 발견의 결실은 자아, 나 자신이다. 이것이 바로 변증법적 존재의 특성이라고 주장할 수도 있겠다.

이러한 특성을 구체적으로 표현하기 위해 키에르케고르는 **Vorden**이라는 단어(독일어의 **Werden**)를 사용한다. 즉 존재가 지니는 **생성과 변화 · 발전**을 의미하기 위해서이다. 그리고 Til-voerelse(존재)라는 단어를 사용하는데, 이것은 '……까지'를 의미하는 접두사 Til과 **be** 동사로부터 형성된 명사 voerelse의 조합이다. 말하자면 존재의 개념에는 노력이, 즉 다른 것을 향한 이 운동이 연관됨을 알 수 있다. (여기서 '가능성으로서의 존재'라는 개념을 재발견하게 된다.)

존재와 연관된 키에르케고르의 주요 개념들——의심, 불안, 죽음, 순간, 절망, 불확실성, 아이러니, 유머, 양면성, 독자성, 도약 등——은 변증법적이다. 그것들은 나름대로 여러 상황 및 다른 것을 향한 운동을 결정짓기 때문이다. 그런데 이 모든 운동은 변증법적 대치의 종말을 의미하는 기독교에서 그 목표를 발견하는 듯싶다. **기독교 안에서 존재와 생성이 하나가 된다. 기독교인이라는 사실 자체로 충분한 것이 아니라, 기독교인이 되는 것 또한 중요하다.** 키에르케고르의 변증법은 헤겔의 변증법과는 반대로, 사고가 아닌 존재를 그 특징으로 삼는다.

기독교 자체가 변증법적이다. 이성과 결별해야만 신앙에 눈을 뜬다는 것, 치유되려면 고통받아야 한다는 것, 그리스도는 부활하기 위해 죽었으며, 모범인 동시에 예외라는 것 등. 이같은 모델을 따라가면 다음의 사실을 발견한다. 즉 키에르케고르의 실존적 변증법은 **종합**이 아닌 '단절'로 이루어졌다는 것이다. 키에르케고르에게 있어서 변증법적 변화는 따라서 **양적인** 것이 아니라(단절로 이루어졌으니 그럴 수밖에 없다), 그보다는 **질적인** 것이다. (예컨대 우리는 무신론에서 회심으로 나아간다.) 이처럼 질적인 키에르케고르의 변증법은 결국 어떤 객관적인 결과도 목표로 삼을 수 없게 된다. 그것은 주관적일 수밖에 없으며, 존재 속에 던져진 구체적인 개인, 여러 모순된 상황들로부터 벗어나지 못하는 개인과 관계된다. 그러므로 헤겔의 경우처럼 존재의 변증법 속에 **지양**(Aufhebung),

즉 폐지-보존이라는 개념은 들어 있지 않다. 이것은 무엇을 의미하는가?

앞서 우리가 보았던 나비가 날아간다고 가정하자. 우리는 이 나비가 일정한 장소(여기), 정해진 순간(지금)에 있음을 본다. 그런데 좀더 멀리 또 다른 나비 한 마리가 보인다. 이 나비는 또 다른 여기, 또 다른 지금을 차지한다. 헤겔의 변증법에 따르면, 여기와 지금의 개념은 절대적인 현실이 아니라, 우리의 인지 기능의 통일성을 드러내는(종합) 상대적인 현실이다. **지양**이라는 개념은 다음의 의미를 지닌다. 즉 종합(**통일성**)의 내부에, 이 종합을 이루는 서로 다른 순간들이 계속 존재한다는 것이다. 그러나 이 순간들은 더 이상 절대적인 현실이 아니며, 상대적인 현실이라고 할 수 있다. 여러 **여기**와 여러 **지금**이 존재할 수 있는데, 다만 우리의 인지 기능이 통일성을 지닐 따름이다. 그러나 키에르케고르와 실존적 변증법의 경우에는 여기와 지금이 그렇게 쉽사리 간과될 수 없다. 내가 지금, 여기에 있다는 것은 아무래도 좋은 사소한 문제가 아니다. 거기에는 우리 존재의 근본적인 선택이 관련되어 있기 때문이다. 예컨대 지금, 여기는 이론적으로 해결될 수 있는 문제가 아니라 존재 **속에서** 해결된다. 우리는 우리 자신에 대하여 과학적이 아닌 경험적인 지식을 갖는다. 사랑하고, 고통받고, 죽는, 독자적인 개인에 대한 지식이다. 키에르케고르가 보기에 여러 대립되는 요소들이 **실제적으로** 사라질 수는 없다. 생각 속에서, 혹은 가짜 현실 속에서는 가능할지 모르지만 실제 삶에서는 불가능하다. 실제 삶은 개인과 주체를 출발점으로 삼기 때문이다. 실존적 변증법이 우리에게 가르치는 '주체가 진실이다' 라는 주요 원칙도 여기에서 비롯된다. 이것은 고통을 보아도 알 수 있다. 이 경우 참으로 문제가 되는 것은 객관적인 고통, 즉 개념이 아니라 주관적으로 고통을 받는 이 개인이다.

예컨대 헤겔의 변증법에 따르면, 종교는 종교 의식으로부터 일정한 종교로, 그리고 계시 종교로 발전한다. 그리고 계시 종교의 경우에는 여러 매개물을 통해 보편성에서 특수성으로, 그리고 마침내는 독자성으로 발전한다. 그러나 실존적 변증법의 경우에는 그렇게 빠른 진전이 이루어지지 않는다. 종교는 근본적으로 개인(주체)이 절대자와 맺는 관계이므로 바로 이 관계에 대한 반성이 있어야 하기 때문이다. 바로 이 점이 종교로서의 기독교에 의미를 부여한다. 그렇다면 기독교는 우리에게 무엇을 보여 주는가? 하나님이 인간이 되셨다는 것. 구세주가 자기 자신을 구할 수 없었으며, 불완전한 존재이자 죄인으로서 완전한 존재인 하나님과의 관계 속으로 들어가셨다는 것이다. 기독교는 그 자체가 '역설'임을 우리에게 보여 준다. 역설은 지식이 아니며, 논리적인 양보도 아니다. 그것은 하나의 **범주**, 다시 말해 개념에 특수한 형태를 부여하는 구조이다. 역설적인 개념에는 이성이 아닌 믿음으로 접근이 가능하다. 그렇다면 믿음이란 무엇인가? 그것은 그 자체로서 어떤 행위를 요구하는 주관적인 확신, 그에 상응하는 존재 방식이다. 믿는다는 것은 존재한다는 것이다. 그러므로 기독교적 관점에서 볼 때 거기에는 어떤 종합도 있을 수 없다. 믿음의 기초는 역설이기 때문이다.(Pap. VIII A 11) 종교적 사고의 주요 범주들은 사고를 넘어서며, 종합이 이루어질 수도 없고, 최종적 분석에서 절대적이며 객관적인 지식으로 귀착될 수도 없다. 인간은 죄인이며, 죄인으로 머무른다. 이같은 인간의 조건이 고차원의 매개를 통해 사라지지는 않는다. 기독교라는 역설은 그대로 남는다.

　여기서 키에르케고르의 역설은 매개와 종합의 반대처럼, 또한 실존적 변증법의 원동력처럼 보인다. 헤겔의 변증법은 매개에 의한 여러 사항의 화해――화해와 매개는 잇달아 진리에 가닿게 된다――를 겨냥하는 반면, 키에르케고르의 변증법은 역설을 드러내고 상반되는 사항들의 화해 불가능성을 드러내고자 한다. 고차원적인 진리의 형태로서, 주체와 절대자 간의 절대적인 대치 속에서 나타나는 진리의 형태로서 말이다.

　비장감과 변증법 사이에는 앞서 보았듯이 어떤 단절도 없으며, 그보다는 지속적인 발전이 있다. 비장감과 변증법, 존재 속에 있는 존재자의 고통과 여러 상황. 이 양자 간의 연속성은 '절대자와 맺는 관계의 내면화'에 이르고자 한다. 이같은 내면화의 노력으로부터 키에르케고르는 두 가지 형태의 종교심, 혹은 종교에 대한 개인적인 입장을 끌어낸다. 즉 '종교심 A'와 '종교심 B'이다.

　종교심 A란 그저 주체가 영원한 자신의 존재를 인식함이다.(《이것이냐 저것이냐》 제2부, 빌헬름의 경우처럼) 비장감이 지배적인 종교심 A는 내재성의 종교로 남는다. 그것은 주로 인간을 형성하는 시간성과 영원성의 포착을 의미한다. 즉 하나님에게 이르기 위해 하나님을 알고자 갈망하는 이 영원성에 대한 이해, 그리고 그것의 불가능성을 가차없이 드러내는 이 시간성에 대한 이해이다. (말로우의 《파우스트》 5막 6장, "나는 하나님을 향해 달려가는데, 아! **누가 나를 저지하는가?**")

　그런가 하면 종교심 B는 자신의 외부에서 영원성을 찾는다. 이런 의미에서 그것은 하나님과의 관계에 의해 지배당한다. 그리하여 초월성 혹은 계시 종교(믿음의 기사인 아브라함이 상징하는)로서 제시된다. 종교심 **B**는 키에르케고르가 **사고의 수난**이라고 칭한 것을 요구한다. 즉 이성, 사고, 내재성과의 결별이 무엇을 의미하는지 이해하는 것이다. 이 유형의 종교심에 있어서는 절대적인 것과의 관계 구축이 핵심이다. 여기서 중요한 것은 더 이상 진리의 **무엇**이 아니라, 참되고 진지하고 내면적인 의미에서의 **어떻게**이다.

죄는 이같은 '어떻게'를, 또 종합의 실제적인 불가능성을 설득력 있게 증명한다. 키에르케고르는 죄의 경험을 통해 개인의 절대적 중요성을 발견했다. 죄는 보편적인 도덕의 한계를 벗어날 뿐 아니라, 개별성 및 초월성과의 관계를 위한 통로를 마련한다. 과오와 불연속적인 것들——이것들은 종합을 모르며, 새로운 출발인 **용서**를 알 따름이다——로 이루어진 세계로의 길을 튼다. 오직 사적인 존재 속에서만 개인은 자신의 전부를 바쳐 투신한다. 그러므로 어떤 철학적 반성도 개인의 이같은 경험을 초월하거나 무시하거나 지나칠 수 없다. 철학적 반성에 의미를 부여하는 것이 바로 이 경험이기 때문이다. 기독교에 대한 키에르케고르의 철저한 신봉의 발단에는 그 중심 역할을 맡는 '개인'이 있다. 그런데 개인은 자신의 유한성을 인식하는 한편, 자신이 비진실 속에 살고 있으며, 절대자이신 하나님은 절대적으로 초월적임을 안다. 이것이 바로 헤겔의 변증법과 키에르케고르의 실존적 변증법이 지니는 차이이다. 헤겔은 절대자를 개인과 완전히 분리된 존재로 생각하지 않았으며, 그보다는 변증법적 과정의 종말에서 개인과 합치되는 무엇으로 간주했다. 헤겔에게 있어서 절대자는 결합시키는 자이다. 그러나 키에르케고르의 경우, 절대자는 분리시키는 자이다. 키에르케고르가 보기에 개인은 항상 불안정한 상태——자신의 무력함과 유한성에 대한 인식의 결과인——에 산다. 불안정과 불확실성은 인간 삶의 특징이 되어 '가능성'과 '선택'이라는 개념을 통해 표현된다. 키에르케고르가 헤겔의 중심 개념인 '지양'의 개념을 받아들이지 못하고, 대신 **양자택일**의 개념으로 맞섰던 것도 이렇게 해서 이해된다.

실존적 변증법은 따라서 특별히 상반되는 사항들에 대한 인식을 강조하며, 그것들의 종합을 시도하지 않는다.(**Pap.** X⁴ A 456) 그것은 이 상반되는 것들을 관련짓는다. 그런데 이 상반되는 것들의 관계는, 키에르케고르가 '**긴장**'이라고 부른 상황——무엇보다 개인이 세계 및 하나님과 맺는 관계 속에서 드러나는——을 통해 구체적으로 표현된다. 이렇게 볼 때 변증법은 갈등을 해결짓는 무엇이 아니라, 존재라는 직조를 이루는 여러 긴장의 상황을 부각시키는 무엇으로서 제시된다.

도약

도약은 당연히 매개와 종합을 통한 이행이라는 헤겔의 개념에 맞선다. 우리는 지금까지 도약을 '관점의 철저한 변화' '결단의 범주'로서 언급했다. 그리고 존재의 제 단계라는 이론 속에서 그것이 맡은 역할을 살펴보았다. 그렇다면 이제 절대자를 향한 **긴장**인 존재라는 관점에서 이 도약의 의미를 짚어 보기로 하자.

헤겔은 천재들, 사고의 길잡이들에 대해 말했다. 그들은 어찌 보면 당대의 정신을 구현했던 인물들이다. 예를 들면 소크라테스가 그러했고, 르네상스 말기를 특징짓는 회의적 태도의 대표자 몽테뉴 역시 그러했다.

그러나 역사적 생성이 이루어진다. 따라서 잇따르는 세대가 보기에 이 사람들의 사고는 한물간 것이며, 이후로는 '정신'이 발전해 나가는 단계의 일부를 이룰 뿐이다. 그들이 우리에게 전달한 메시지, 즉 우리가 '진리'라고 부르는 이 메시지는 그러므로 **역사적**이다. 중요한 것은 이런저런 '천재'나 이런저런 '주체'가 아니라, 진리의 점진적인 발전 및 역사를 통과하는 그 과정이다. 진리와 역사의 이 관련성을 우리는 '진리의 역사성'이라고 부를 수 있을 것이다. 이런 의미에서 진리는 역사에 **내재해** 있다고 말할 수 있다. 하지만 앞서 보았듯이 키에르케고르에게 있어 진리는 절대적 초월성이지, 어떤 지식에 대한 객관적이고 초연한 관계가 아니다. 그것은 주관적·구체적으로 체험된 절대적 관계이다. 《철학적 단편들에 대한 후서》에서 키에르케고르는 진리가 지니는 이 역사성의 문제를 부각시키기 위해 독일 작가 레싱을 언급한다.

"레싱은 당연히 오래전에 낡은 이론이 되었다. 체계적인 세계 역사라는 철도상의 보잘것없는 작은 역이 되어 버린 것이다."(《후서》, p.44)

하지만 레싱의 사상이 참이라면 오늘날에도 여전히 그렇지 않은가? 그의 말에 귀기울이기 위해 멈추지 않는다면 잘못이 아닐까?

여기서 역사는 문제가 되지 않는다. 한 시간이 흘렀든 1천 년이 흘렀든, 그 때문에 사상의 참됨이 감해지지는 않는다. 중요한 것은 **행위이다. 행위를 통해 이 사상에 주의를 집중함으로써 그것과의 관계에 들어가기 때문이다. 이 행위가 바로 도약이다.** 그리고 진리에 대해 말하고자 한다면 반드시 고려해야 할 중심 요소는 바로 우리가 이 사상과 맺고 있는 주관적인 관계이다. 예컨대 앞서 말한 제 단계는 가장 일반적인 관계들, 가장 광범위한 각도에서 본 관계들을 상징한다. 이 관계들에서 출발해 주체가 진리와 관계를 맺게 되는 것이다. 인간이 관계 맺을 수 있는 가장 완전한 진리는 하나님(시간 밖에 계시기에 또한 '역사' 밖에 계신)이므로, 이 문제를 염두에 둔 질문이야말로 가장 중요한 질문이 될 것이다. 그런데 기독교는 교의가 아니라 삶의 교훈이다. 기독교의 진리는 객관적인 진리 · 지식이 아니라, 우리가 **증거하는** 진리이다. **기독교는 존재의 소통이다.** 그러므로 철학의 중심 문제——그리고 키에르케고르가 말하는 마지막 단계——는 **'기독교인이 되는 것'** 이다. 여기서 우리는 실존적 변증법의 핵심에서 키에르케고르 철학의 본질적인 문제를 발견한다. 그의 저서를 논하기 전에 이미 그를 **종교적 사상가로 규정짓게끔** 하는 문제이다.

7. 개인과 국가

개인을 큰 전체나 종합으로 환원시킬 수 없다는 생각은 정치에 대한 키에르케고르의 성찰들(그 수는 매우 적지만) 속에 훌륭히 표현되고 있다. 키에르케고르가 말하는 개인 혹은 단독자가 강력히 거부하는 것이 있다. 즉 인간과 그의 본성·관심·자유가, 그를 흡수코자 하는 어떤 무한하거나 내재적이거나 초월적인 전체와 연관되는 것을 그는 거부한다. 개인은 그 자체로서 대중과 무리, 군중에 맞선다. 키에르케고르에 따르면, 헤겔은 존재가 **내면성이며 비밀**이라는 사실을 이해하지 못했다. 또한 헤겔의 철학은 내면성이 지니는 어떤 정당한 가치도 인정치 않았다. 바로 그 때문에 헤겔은 **보편적인 것**(혹은 큰 전체)이 정신의 삶에서 탁월한 순간을 이룬다고 간주했던 것이다. 하지만 종교적 경험은 그와는 반대로 이러한 내면성이 존재함을, 또 이 내면성이 도덕을 통해 매개의 대상이 될 수는 없음을(도덕의 목적론적 중지의 개념, II.4. 종교적 단계) 보여 준다.

키에르케고르는 개인의 결정적 위상을 확고히 하는 한편 대중의 횡포를 폭로했던 최초의 철학자들 중 한 명이었다. 그가 자신의 저서들 속에서 친근하게 '독자 개인'에게 말을 거는 것도 우연이 아니다. '대중' 혹은 '집합적인 독자'에 대한 언급은 어디에서도 찾아볼 수 없다. 대중을 대상으로 한 연설인 《교훈적 담화》에서마저 오로지 개인에게 호소할 따름이다. 교화는 단독자를 대상으로 이루어지는 것이지 대중을 대상으로 하지 않는다고 생각했기 때문이다. (개개인이 교화되고 미망에서 깨어나는 것이지, 대중이 그러지는 않는다. 대중에게는 그만한 깊이가 있을 수 없다.) 키에르케고르는 당연히 **저널리즘**에도 맞서며, 또한 어떤 심미적 동기로 인해 언론의 자유에도 대항한다. (1836년 봄, 그의 나이 26세 되던 해부

터 이미 그는 이 문제에 대해 코펜하운스 플뤼비너 포스트(Kjøben-
havns flyvende Post)와 논쟁을 벌인다.) 1799년부터 덴마크에 제한
되어 실시되던 저널리즘 및 언론의 자유에 대한 적극적인 옹호자
는 레만(O. Lehmann)과 헤어(J. Hage) 같은 이들이다. 강력하고 열
의 있고 비평 정신을 갖춘 언론은 대중을 교육하는 힘을 지닌다고
그들은 주장했다. 그러니까 언론은 대중을 교육하는 데 힘써야 한
다는 것이다. 그러나 키에르케고르는 이같은 견해의 벽을 뛰어넘
고(어쩌면 너무 조급하게) 만다.

   대중이 지닌 해방력——대중에게는 폭군과 나쁜 왕을 몰아낼
힘이 있으니까——에 대해 반성하면서 키에르케고르는 자신의 시
대를 관찰하며 다음의 결론에 이른다. 즉 폭군은 이제 다름 아닌
군중, 대중이라는 확신이다.(Pap. VIII¹ A 123)

   "폭군은 반드시 한 사람이라고 믿는 것은 잘못이다. 고대인들은
   이 진리를 훌륭히 이해했다. 민중에 맞선 귀족과 성직자 계급이 붕
   괴되었는데, 이제는 민중이 붕괴되어야 할 차례이다. 어떻게 그럴
   수 있을까? 그건 개인이라는 범주에 의해서이다."(Pap. VIII¹ A 551)

   키에르케고르가 민주주의자였던 적은 한번도 없었다. 그는 다수
대중의 권력인 민주주의보다 개인의 권력인 군주제를 선호했다.
단 한 사람이 권력을 잡음으로써 그밖의 모든 사람들이 여러 구속
적인 책임들——그들이 온전히 자유로워지지 못하도록 막는——
로부터 해방될 수 있다고 믿었다. 절대 권력의 횡포를 키에르케고
르는 민주주의에서 보았다. 민주주의는 모든 개인이 책임이나 과

업을 감당하고 정부 기관 운영에 참여토록 강요하기 때문이다. 그의 생각에 민주주의는 개인에 대한 대중의 승리였다. **"평등의 횡포인 공산주의, 이것은 가장 끔찍한 횡포이다."**(Pap. VIII[1] A 598)

키에르케고르가 보기에 군중은 오직 질투와 어리석음에 지배당할 뿐이며(이같은 확신은 《코르사르》와의 불운한 관계 이후 더한층 강화되었다), 따라서 민주주의는 질투와 어리석음이라는 두 가지 결함이 힘을 쟁취함이다. 나아가 민주주의는 모든 것을 숫자의 문제로 축소시키고, 독창적인 특정한 개인의 존재를 완전히 무시해 버린다. 이런 의미에서 민주주의는 진정한 독재이다.

"1천만 명의 사람이 모두 서로 비슷해서 하나가 된다. 이 많은 사람들과 구별되는 다른 한 사람이 나올 때에만 그들은 둘이 된다."

따라서 정치적으로 키에르케고르는 대중이 그에게 불러일으키는 공포 및 개인의 가치라는 명목으로 민주주의를 거부한다. 그리고 거기서 한 발짝 더 나아가 그는 성 바울의 말을 글자 그대로 받아들이는 듯싶다.

"누구나 자기를 지배하는 권위에 복종해야 합니다. 하나님께로부터 오지 않은 권위는 하나도 없고, 세상의 모든 권위는 다 하나님께서 세워 주신 것이기 때문입니다. 그러므로 권위를 거역하는 사람은 하나님이 정하신 것을 거스르는 사람입니다."(〈로마서〉, 13장 1–2절)

그러므로 기독교인이라면 정치적인 것에 신경을 쓰기보다 하나님과의 관계에 열정을 쏟는 것이 신의 의도임이 분명하다고, 그는 보았다.(**Pap. IX A** 353) 키에르케고르의 기독교는 본질적으로 비정치적이며, 세상과 타협하지 않는다. 앞서 말했듯이, 기독교의 초월적 메시지(그리고 개인이 절대자와 맺는 관계의 초월성)는 세상과 이질적인 것이기 때문이다. 그리스도 자신이 그의 왕국은 이 세상의 것이 아니라고 선언하셨다. 이 말은 기독교도인 개인은 대중과 야합해서는 안 됨을 의미한다. 그렇다고 이 세상에 무관심해서도 안 되지만 말이다. 반대로 진정한 기독교인은 **대중과 충돌해야 할**(그리스도가 그랬듯이) 의무를 진다. 이같은 충돌은 그리스도인의 사랑, 이웃에 대한 사랑 속에서 일어난다고 그는 보았다. 우리는 오직 우리가 사랑하는 사람들을 변화시킬 수 있을 뿐이라는 매우 소크라테스적인 생각을 키에르케고르는 지녔기 때문이다. 그렇다면 덴마크 국가 교회에 대한 반대도 아주 달리 해석된다. 그의 정치–종교적 사고라는 관점에서 본다면 말이다.

키에르케고르가 그 증인이 되고자 했던 진리는 '하나님 앞에서'의 진리였지 '사람들 앞에서의' 진리가 아니었다. 진리는 **책임**의 문제이다. 그런데 군중 속에서는 '하나님 앞에서의' 현실과 책임이 완전히 무시된다. (여기서 우리는 하이데거 철학에 나오는 얼굴도 이름도 없는 '일반인'[독일어의 **das Man**, 타인들과 관계를 맺고 있는 개개인의 비본래적 존재를 지칭함]의 개념을 생각할 수 있다.) 이 책임이 해소될 때 영혼의 모든 부패한 악습에 길을 트게 된다. 키에르케고르는 정치가들을 향해 아이러니의 화살을 날리기를 주저치 않는다. 그의 《일기》 속에서 그 신랄한 어투를 읽을 수 있다.

"먼 옛날의 그리스 정치가들처럼 우리의 정치가들 역시 주격도 단수도 아니며, 여하한 경우에도 주체가 될 수 없다. 그들은 오직 간접적인 상황에서 복수로만 생각된다."(Pap. II A 710)

"악마에 대해 교부들이 남긴 묘사들은 여러 모로 우리 시대의 정치가들을 닮아 있다. 실제로 그들은 허공에 살며, 지나치게 바람이 들어가 단단한 땅을 딛고 서 있을 수가 없다. 그들은 번제물과 향의 연기를 맡으며 산다."(Pap. II A 436)

키에르케고르에게 있어 결정적인 문제는 개인이다. 그러므로 정치 혹은 인류에 대해 말하거나(**종합**이라는 사변적 차원에 대해 말하듯이), 나아가 사회적 범주에 호소하는 것은 순전한 환상으로서, 종교심의 발현——그와 더불어 기독교인이 되는 것——을 막을 따름이다. 내면의 삶을 대중 속에서 실현시킬 수는 없기 때문이다. 개인이란 종교적 견지에서 볼 때 시간과 역사, 인류가 경유하게끔 되어 있는 무엇이다. 그러므로 이 개인은 국가라고 하는 차갑고 불분명한 전체와 절대로 혼동될 수 없다.

8. 간접적인 의사소통

키에르케고르는 자신의 저서들과 항상 시적인 관계를 유지했다.(《불안의 개념》, p.217, note) 그리고 철학적 저서에서는 가명으로만 자신의 생각을 드러낸다. 즉 자신을 이 저서들의 저자로 간주하면서도 스스로 **프롬프터**의 역할(요하네스 드 실렌티오 혹은 프라테르 타키투르누스처럼, 창조된 시적 인물로 하여금 존재에 대한 어떤 일정한 개념을 발설토록 함으로써)을 감당했다. 타인을 통한 이같은 담론, 이것이 소위 말하는 **간접적인 의사소통**이다. 엄밀히 말해 이것이 키에르케고르 철학의 주제는 아니며, 주제에 대한 다양한 전개 방식일 따름이지만 말이다.

작품으로부터의 초연성

일부 주석자들에 따르면 가명의 사용은 어떤 심리적 이유 때문이며, 키에르케고르가 겪었던 난관을 증명한다. 고통스러운 분열 상태에 있던 그는 자기 자신과 **하나**되는 데 어려움을 겪었던 것이다.

"수년간 나는 멜랑콜리로 인해 나 자신에게 '너'라고 말할 수 없었다. 이 멜랑콜리와 나의 '너' 사이에 환상의 세계 전체가 가로놓여 있었다. 나는 가명을 사용해 이 세계를 철저히 파헤쳤다."(**Pap. VIII A** 27)

이렇게 해서 유보된 것은 **아버지의 이름**으로서, 그는 이 이름을 떠맡지 않았지만 추방시키지도 않는다. 키에르케고르는 아이를 낳지 않고 죽는다.

"키에르케고르가 가명으로 은폐했던 것은 그의 이름…… 아버지로부터 물려받은 견딜 수 없는 이 이름(키에르케고르는 '묘지'를 의미한다), 그리고 뇌리에서 떠나지 않는 아버지에 대한 기억이었다. 그러므로 일차적인 의미에서 가명은 글자 그대로 쇠렌 키에르케고르의 은신처였다. 다른 한편으로 가명의 사용은 아주 널리 퍼져 있던 관행이기도 했다. 묀스테르 주교조차 가명(Kts)을 사용해, 여러 가명으로 씌어진 저서들의 조사 목록을 만들었다."[7]

이처럼 가명은 고통스럽게 제기되는 한 문제, 즉 부성(父性)의 문제를 상기시킨다. 육적인 아버지(죄인인 미카엘 페데르센)와 영적인 아버지(타협자인 묀스테르 주교)가 있었다. 그런가 하면 사적인 그(레기네의 영원한 약혼자인 쇠렌)와 공적인 그(작가인 키에르케고르)가 있었다.

그러나 그것이 전부는 아니다. **설명적 관점**에서 볼 때 가명의 사용은, 기독교계를 지배하는 심미적 경향에 맞서 싸우기 위한 전략과도 연관된다. 키에르케고르의 생각에 대다수의 기독교인들은 착각에 빠져 있었다. 즉 기독교는 당연한 것이고, '기독교인이 되는 것'에 대한 질문은 제기될 필요가 없다고 여기는 것이다. 그들은 스스로를 기독교인으로 **상상**하며 **환상** 속에 산다. 그렇다면 그들이 속해 있는 범주는 무엇일까? **심미적 범주**일까, 아니면 **심미-윤리적 범주**일까? 여기서 종교적 저자——키에르케고르가 되고자

---

7) 앙드레 클레르, '계열체는 불규칙성이며, 하나님의 편재는 불가시성이다.' 《키에르케고르의 텍스트에 관하여》, Revue de Métaphysique et de Morale, 1980년 4-6월, p.200.

바랐던——는 기독교계가 빠져 있는 환상을 간파하고 그것을 폭로할 사명을 자신에게 부여한다. 그러자 자신의 말을 이해시키기 위해서는 이 세계를 지배하는 관점에서 출발할 수밖에 없게 된다. 상대방으로 하여금 그가 품고 있는 환상을 깨닫도록 하는 것, 그것은 기술과 방법을 요구하는 섬세한 작업이다. 그가 겁을 내지 않고 보다 고차원의 현실에 눈을 뜨도록 하려면 말이다. 이것이 바로 키에르케고르가 의사소통의 **간접적 방법**이라고 부르는 것이다. 그러므로 그는 우선 심미적 저술을 쓰기 시작한다. 그렇다고 심미적 저술가였던 그가 나중에 회개하고 종교적 저술을 쓰기 시작한 것은 아니며, 오히려 심미학은 그가 맞서 싸우고자 했던 환상을 부추기는 첫번째 지배적 범주였다.

키에르케고르는 개인을 교육하는 것이 아니라 **바꾸어 놓고자** 했다. 그는 여러 사람 중 한 명이기를 자처했으며, 어떤 권위를 내세우려 하지 않았다. 물론 사고의 영역에서는 여러 권위가 있을 수 있지만, 그러나 존재의 영역에서는……. 그런데 **가명**을 사용함으로써 그는 '스승'이나 교수의 이미지로부터 자유로워질 수 있었다.[8]

《후서》 말미에 키에르케고르는 자신이 사용한 '가명'의 기본 성격에 대해 설명한다. 그것이 단순히 근거 없는 문학적 기교가 아니며, 불가피한 표현 방법임을 말이다. 어찌 보면 그것은 작품의 여러 다른 부분(예를 들면 《이것이냐 저것이냐》에 나오는 A문서와 B문서) 안에 존재하는 반복되는 주제의 흥미를 확보하기 위해 작가 한 사람으로서는 표현할 길 없는 심리학적 다양성을 구현한다. 가

---

8) 또한 부자연스런 태도를 취하지 않아도 되었다. 그러나 이것은 또 다른 양상으로서 **III**.9에서 다시 언급하도록 하겠다.

명은 또한 작품 속에 등장하는 여러 가능한 존재가 막연히 저자와 동일시되는 것을 피하기 위해 사용된다. 이런 식으로 가명은 작가가 그의 저서에 대해 갖는 거리감을 가리킨다. 즉 작가는 자신의 저서와 오로지 '시적' 관계를 유지한다. 등장인물들의 말과 의도가 작가의 의견을 대변할 필요가 없으며 자신들의 논리를 따르도록 내버려두는 것이다. 때문에 키에르케고르는 다음과 같이 단언할 수 있었다.

"가명으로 씌어진 책들에 나오는 어느 한마디도 내 자신의 말이 아니다."(《후서》, p.424)

의사소통의 문제

문학적 가면의 반복적 사용은 중대한 문제를 가리킨다. 즉 **주체의 진리는 어떻게 전달되는가?**라는 문제이다.

키에르케고르는 생의 말기에, 구상중인 한 저서에서(《윤리적 혹은 윤리-종교적 의사소통의 변증법》) 두 가지 의사소통 방식을 분명히 구분해 놓았다. 첫번째인 지식의 의사소통은 **직접적 의사소통**으로서 정보와 소여 사항들의 전달을 목표로 하며, '**무엇?**' 이라는 질문에 답한다. 그리고 두번째인 힘의 의사소통은 **간접적 의사소통**으로서 교육을 목표로 삼으며, '**어떻게?**' 라는 질문에 답한다.

객관적 진리의 의사소통에는 아무 문제도 제기되지 않는다. 예컨대 과학의 진리는 자유와는 상관이 없다. (우리에게는 그것을 마

음대로 해석할 자유가 없다. 중력도 나의 의지와는 상관없이 중력이
다.) 객관적 진리의 질서 속에서 주체는 **결정된 형태**로 보고된 사
실을 확인하고 직접적으로 전달한다. **누가** 이 사실을 전하는가의
문제는 중요치 않다. 오늘날 나에게 '지구는 둥글다'고 말하는 사
람이 천문학자 아무개이건 센 강변도로의 서적 상인이건 아무 상
관이 없다. 이 메시지는 직접적이며, 직접적으로 전달된다. 여기
에 해석은 있을 수 없으며, 주체가 이 진리를 자신의 고유한 범주
들 속에 자유롭게 적용시킬 수도 없다. 메시지가 주관성의 '체'에
걸러질 수 없는데, 이것이 직접적인 의사소통이다.

그러나 주관적 진리의 경우에는 상황이 다르다. 구체적 상황에
놓인 구체적 개인에 속해 있는——예를 들면 심미가라는——이
실존적 진리는 직접적으로 전달될 수 없으며, 수용자가 이 진리를
획득하여 자기 것으로 삼기를, 즉 수용자 측의 노력을 요구한다.
진리는 체를 통해, 아이러니나 유머 등의 **우회적** 방법으로만 전달
된다. 키에르케고르가 시도하는 일관된 설명에 의하면, 주관적 ·
실존적 진리의 이 구조야말로 가명의 사용을 정당화하며, 따라서
간접적 의사소통이 불가피해진다. 중요한 진리는 **주체를 위한** 진
리임을 드러내고자 하는 이가 필요로 하는 의사소통이다.

실존적 진리(파토스) 혹은 추문과 역설의 진리인 기독교에 대하
여 체계적 · 객관적 · 직접적 설명을 시도하지 못할 건 없지만, 그래
도 이 경우 본래의 의도를 놓칠 수밖에 없다. 즉 설명코자 하는 대
상을 이해시키려는 것이 아니라, 수용자를 '사로잡아' 이 진리에
연류시키자는 의도이다. 그런데 이 진리의 전달자가 가면을 썼을
경우, 간접적 의사소통은 **선택의 문제**로 귀결된다. 누가 진실을

말하는가? 사람들이 전하는 존재의 어떤 가능성이 나에게 최상의 것일까? 이것이 바로 키에르케고르가 말하는 **'반복'** 의 의미이다. 존재는 **주제인 동시에 상황**이므로, 객관적 사상가는 이 두 계기를 자신의 반성은 물론 의사소통에 포함시켜야 한다. 이 이중의 관계를 표현할 수 있어야 하는 것이다. 이 사상가가 진정으로 전달해야 하는 것은 이성의 순수한 진리인 **로고스**라기보다 존재의 구체적 상황과 관련된 진리인 **파토스**이다. 기독교라는 구체적인 경우에는 교리가 아니라, 앞서 말한 **존재의 의사소통**이다. 따라서 강조점은 **기독교인이 되는 것**에 주어진다. 존재의 제 단계라는 변증법을 통해 전달되는 파토스의 의사소통은 그 고유의 방식으로 '계시' 에 반영된다. 이 계시가 어떻게 받아들여질 수 있는가? 주체가 이 사건을, 이 역설을 어떻게 수용할 수 있을까? 이런 문제들에 영향을 미치는 것이다.

9. 종합적 평가

이제까지 주제별 검토를 시도하면서 우리는 키에르케고르의 사상을 관통해 흐르는 어떤 연관성을 엿볼 수 있었다. '우회적인 의사소통' 에 따르게 마련인 갑작스런 선회나 은폐에도 불구하고, 또 온갖 종류의 '체계' 에 대한 되풀이되는 반대에도 불구하고 말이다.

자아야말로 중요한 진리의 자리이며 이 진리는 **로고스**가 아닌 **파토스**라는 사실을 키에르케고르는 구체적으로 확신하고 있었다.

이같은 그의 본질적인 직관으로부터, 서로 연관된 몇 가지 결과가 도출된다.

자아는 심리학의 대상이 아니라 존재론의 대상으로서 심리학적 증상으로 파악될 수 없다. 이같은 주장은 키에르케고르의 계승자라 할 수 있는 니체에게서도 읽을 수 있다. 다시 말해 불안·절망·고통은 세상에서의 존재 방식을 드러내는 정서들로서 모두 어떤 상황——세상 속에서, 혹은 세상에 존재하는 인간의 상황——을 가리키는 표지들이다. 그러므로 지배적인 정서에 자신을 내맡기고 오직 거기에서만 쾌락을 끌어내고자 하는 것, 또 존재의 제 단계[9]에서 묘사된 대로 이 정서에 상응하는 태도와 행동 방식을 채택하는 것, 이것은 분명 견딜 만하겠지만 몇 가지 타협을 감수하지 않으면 안 된다. 물론 죽는 순간까지 심미가이기를 고수할 수도 있고, 결혼하여 자녀를 갖고 국가에 봉사하는 윤리가들도 있기는 하지만 말이다. 하지만 근본적으로 이것은 착각이며, 환상 속에 머무르는 것이고, 무엇보다 자기 자신을 놓치는 것이다. 진정한 삶을 영위하려면 모든 정서를 체험하고 감당해야 한다.

진정한 삶을 영위한다는 것은 어긋나는 정서들의 물결 속에 침잠하여, 막다른 골목에 이를 때까지 지배적 정서에 몸을 맡기는 것, 그리고 육화라는 반(反)모델을 근거로 불연속성과 도약을 받아들이는 것이다. 즉 그를 분열시키는 대상이 지니는 연속성 속으로 강하하는 것이다.

---

9) 이것은 시간적인 연속의 순간들이 아니며, 프로이트가 말하는 제 단계(항문기, 구순기 등)와 마찬가지로 공존한다. 우리가 원한다면 순서에 상관없이 이 단계들을 거칠 수 있다.

주체는 유일무이한 단독자로서, 현재 여기서 자신만의 삶을 살고 죽는다. 그는 다른 주체들과 조화를 이룰 수 있지만, 그들과 싸잡아 처리될 수는 없다. 결과적으로 보편 역사란 있을 수 없는 것이다. 주체는 자유이다. 사건들의 연속 속에 필연은 없다.

무엇보다 주체는 유일무이하다. 존재 속에서 자기 자신과 직면하여, 그리고 진리와 구원을 위해 그가 자신을 내맡기는 하나님 앞에서 그러하다. 아마도 스타로빈스키처럼 다음의 사실을 지적함이 옳을 것이다. 키에르케고르가 집요하게 우리를 끌어들이고자 하는 상황, 즉 **기독교인이 되는 것**은 묘한 어조를 띠고 있다는 사실이다.

"하나님과의 관계는 인간 관계가 내포하는 온갖 가능성의 폐허 위에 구축된다. 그것은 단순히 이 불가능성의 또 다른 면, 이면이 아니라 자기 자신과 타인들로부터 더 이상 아무것도 기대할 수 없게 되었을 때 시작되는 기대이다. (키에르케고르는 복음서에서 이같은 결렬을 정당화하는 구절들을 모두 찾게 된다. 즉 하나님을 따르기 위해서는 사람들을 포기해야 한다고 씌어진 텍스트이다. 그러나 반대로 하나님의 부름을 깨달으려면 앞장서서 사람들의 욕구를 살펴야 하며, 이웃의 얼굴을 통해 하나님의 얼굴이 예시된다고 씌어진 또 다른 텍스트들도 있는데, 이것을 그가 등한시했음은 분명하다. 키에르케고르에게 있어 성서는, 하나님이 아닌 모든 것으로부터 자신을 지키도록 개인을 부르는 메시지였다.)"[10]

---

10) 장 스타로빈스키, 《키에르케고르와 가면》, nouvelle NRF, n° 149(1965년 5월), p.821.

이 주제가 온전히 이해되려면 아마도 **기독교인이 되는 것**에 대해 언급해야 할 것 같다. 즉 예수로부터 절대적인 교훈을 끌어낸다는 것은 그의 가르침에 따라 산다는 말이 아니라 그를 모범으로 삼고 산다는 말이다. **자아**는 무한·영원·신적인 것이, 언젠가는 죽을 운명인 유한하고 인간적인 육신 속으로 내려오는 것이다. 진정한 운명인 십자가형과 더불어 말이다. 이렇게 볼 때, 기독교를 믿지 않는 이들도 키에르케고르를 이해할 수 있는 길이 열린다.

IV

키에르케고르의 후대

키에르케고르는 제1차 세계대전 직후 사상사로 편입되었다. 기존 사회의 일부 지적 · 자유주의적 가치들이 비참하게 무너지고만, 세계가 위기에 처한 시대였다. 니체처럼 키에르케고르 역시 카를 야스퍼스의 표현을 빌리자면 **'한 시대와 결부된 철학자'** 였다. 동시대인들에게 거의 무시당했던 키에르케고르의 철학적 메시지는, 전례가 없는 사회적 혼란에 처한 후대에 이르러 그 진가가 분명히 인식되었다. 사회적 · 종교적 · 철학적 가치가 위기에 놓인 시대에 키에르케고르의 저서가 출판 · 연구되었으며, 보다 광범위한 비평적 고찰이 이루어졌다. 그리하여 그의 저서에 대한 첫 **해석**이 면모를 갖추게 된다.

키에르케고르 사후 그의 사상이 유포되는 데 제동이 걸렸던 것은 덴마크인들의 몰이해 때문이었다. 덴마크인들은 키에르케고르가 지닌 작가로서의 면모와 문체보다는 철학자 · 신학자로서의 면모에 주목했던 것이다. 우리 시대에도 키에르케고르를 번역서로 읽으면서 잊을 수 없는 쾌락을 맛보기는 쉽지 않다. 게다가 프랑스어판 역서들은 흔히 변변찮은 주석들만을 갖추고 있다.

키에르케고르는 무엇보다 마르텐센의 혹평을 받았다. 마르텐센은 자서전에서 키에르케고르를 자주 언급했는데, 한결같이 그를 공격하기 위해서였다. 그후 키에르케고르는 G. 브란데스에 의해 단편적으로 소개되어 유럽에 알려진다. (특히 니체에게——1888년 1월 11일자 그의 편지에 따르면——알려진다.) 키에르케고르에게 맨 먼저 관심을 보인 나라는 독일이었으며, 그곳에서 20세기초 처음으로 그의 전 작품이 발간된다. 그리고 다양한 연구를 통해 덴마크의 철학자 키에르케고르에 대한 이미지가 형성된다. 즉 인간 정신의 원동력, 한계 개념의 역할(특히 과오의 개념)을 깊이 연구했던 무명의 예언자라는 이미지였다. 그는 또한 자유주의 문화의 헛된 낙관론과 종합을 시도하는 철학의 위험을 강조하면서, 존재에 내포된 비극의 의미를 부각시키기에 이른 철학자이기도 했다.

후세는 키에르케고르라는 철학자에게서 다음의 **두 가지 특징**을 발견한다.

첫째는, 헤겔과의 대립이다. 이같은 각도에서 보면 키에르케고르는 반(反)헤겔주의자로서, 그의 사상은 어떤 합리성도 추구하지 않는다고 할 수 있다. 그것은 체계라는 근본적인 입장에 맞서기 위한 필사적인 노력으로 요약될 수 있기 때문이다.

둘째는, 실존주의의 아버지라는 역할이다. 그가 이런 칭호로 알려지고 찬사를 받는 만큼, 전후 프랑스에서 꽃핀 이 조류를 분석해 봄직하다.

1. 헤겔에 대한 비판

헤겔에 따르면 현실은, 이 현실의 합리성을 보증하는 '정신'의 전개이다. 이같은 전개는 모순들로 실현되는데, 이 모순들은 상반되는 요소들을 보존함으로써 폐지시키는 매개를 통해 초극된다. 그러므로 현실은 제한된 관점(주관성)에서 보면 일관성이 없으며, 보편적인 각도(객관성)에서, 즉 합리성의 원칙과 결부되어 고찰될 때에만 온전한 의미를 획득한다.

헤겔의 사망을 출발점으로 해서 헤겔 철학의 해석자들은, 복음서의 신앙과 철학이 양립 불가능하지 않다는 사실을 증명코자 했다. 이렇게 해서 헤겔의 견해와 기독교를 화해시키려는 시도들이 나오게 된다. 기독교를 계시된 진리로부터 체계라는 요소의 진리로 실추시키려는 시도들이기도 하다.

앞서 말했듯이 덴마크에 헤겔을 소개한 이는 하이베르였는데, 그는 이 일을 해낼 만큼 충분히 지적이지도, 논리적이지도 않은 인물이었다. 따라서 사람들은 헤겔주의에서, 낭만주의적 방황 이후에 고전적 가치들을 재건하기 위한 노력을 보았다. 문화와 국가, 그리고 전체성 속에서 개인이 한 자리를 차지하도록 되어 있는 가치들이었다. 이처럼 이상을 현실과 화해시키고자 하는 노력에 철학 사상은 민감한 반응을 보였다. 개인(주체)은 낭만주의가 부여한 중심적 위치를 상실하고, 대신 인류라는 보다 광범위하고 객관적인 개념이 들어선다. 낭만주의가 개인의 운명——그의 고통, 정열, 추억——을 강조했다면, 헤겔주의는 역사라는 관점을 채택한다. 개개인의 삶은 혼돈이며 소음, 광란이지만, 인류의 역사라는 좀더 보편적인 맥락에서 보면 전혀 다른 것이 되어 버린다. 그러므로 개인의 속성은 전체의 일부가 되는 것이라고 여겨질 수도 있다. 설령 이 전체의 윤곽이 잡히지 않을지라도 말이다. 그리고 이 전체야말로 현실에 어떤 관념(예를 들면 민주주의)이 도래하게끔 만든다. 이같은 차원에서 개인의 고통은 사소한 것으로 간과된다.

그러나 기독교에서는 그렇지 않다. 또 기독교를 표방하는 키에르케고르 역시 그렇게 생각하지 않는다. 그의 그리스도가 이 땅에 오신 것은 집단의 운명을 짊어진 전체, 추상적인 실체를 구하기 위해서가 아니라 고통받고 죽는 구체적인 개개인을 구하기 위한 것이다. 육화의 의미는 바로 개인의 중요성을 강조한다. 이성을 통해서는 기대할 수 없는 구원의 길인 신앙이 바로 진리의 주관적 점유가 아닐까? 그러므로 주관적 진리는 객관적 진리와는 다른 방식으로 가치를 지니는 것이 아니라, 객관적 진리보다 더 큰 가치를 지닌다. 이것이 기독교의 메시지들 가운데 하나이며, 키에르케고르는 이 메시지를 전하는 사도가 되고자 했다.

키에르케고르는 신앙과 이성을 일치시키려는 시도에 동의할 수 없었다. 그에게 있어 기독교는 **추문**이자 **역설**이었기 때문이다. 기독교는 여하한 매개나 종합·타협의 대상이 될 수 없었다.

"매개의 개념은 기독교와 상반된다. 철학의 개념은 매개인 반면, 기독교의 개념은 역설이다."(**Pap. III A** 108)

"신자는 신앙을 갖기 전 자신의 존재와 현재의 삶을 쉽사리 매개

할 수 없다. 그는 오직 깊이 염려하는 마음으로 이 둘을 화해시킨다.”

나아가 신자의 삶 자체가 매개 행위에 대한 반박이다. 인간은 어쩔 수 없이 죄 가운데 살기 때문이다. 죄 의식은 내면과 외면의 불일치에 대한 인식이다. 또 믿는 자의 마음속에 깃든 이상 및 무한에 대한 동경과 그의 유한성 간의 불일치에 대한 인식이다.

키에르케고르는, 존재를 완전한 체계로 만들고자 한 헤겔의 의도를 꾸짖었다. 체계는 폐쇄되어 있거나 잠재적인 폐쇄성을 띠게 마련이다. 그런데 구체적인 존재와 시간이 아직 그 고정점을 벗어난 것은 아니므로, 이같은 체계는 불가능하다고 그는 본다. 존재의 체계란 있을 수 없다. 우리는 이것이 돌이라는 것을 증명하지, 돌이 존재한다는 것을 증명하지는 않는다. 우리는 존재를 증명하지는 않는 것이다. 존재는 그저 확인될 따름이다.

키에르케고르가 보기에 반성은 유한하지 않고 무한하다. 그것은 역류할 수 있기 때문이다. 즉 탐구하고 원인을 논하고 이유를 따질 수 있는데, 그것도 무한히 그럴 수 있다. ‘체계’를 말한다는 것은 절대적인 시작을 말한다는 것이다. 축구 경기가 호각 소리와 함께 시작되듯이 말이다. 그러나 이같은 경기의 시작과 종료는 심판의 결정에 달려 있다. 그러므로 결정에 대해 말한다는 것은 의지에 대해, 또 **주체**에 대해 말한다는 것이다. 그런데 객관적인 절대적 시작은 있을 수 없으므로 절대적·객관적인 체계 역시 불가능하다.

헤겔은 앎에 대한 열정 때문에 **삶의 행동 규칙**을 망각한다. 또한 객관적인 지식을 탐구하느라 윤리적·종교적 지식, 즉 구체적 삶에 대한 주관적 확신을 제공하는 지식을 망각한다. 삶은 선택을 요구하는데, 선택은 윤리이다. 헤겔은 '윤리적인 것'을 제시하지 않았으므로 그의 '체계'는 정신의 한 관점에 불과하다고 키에르케고르는 생각했다. 그리고 그의 철학도 역사적 형태를 띤 본체[현상의 바탕이 되어 있는 존재] 철학에 불과한데, 그것은 내면과 외면을 결합시키는 자체의 능력에 대해 착각하고 있다. 키에르케고르에 따르면 내면이 완전히 표현될 수는 없는데, 그렇다면 그는 비밀의 사상가이다. 즉 역사는 오직 대중을 포착할 따름이며, 결코 개인이나 윤리를 포착할 수는 없다고 그는 믿었기 때문이다.

그렇다면 키에르케고르와 헤겔의 상반되는 입장을 드러내 보이는 네 가지 요소를 지적할 수 있겠다. 즉 하나님의 절대적인 초월성과 관념의 내재성, 신앙의 초월성과 이성의 내재성, 사변적 매개에 대한 포기와 고수, 은총에 의한 의인(義認)의 필요성과 오로지 이성의 힘에 의해 진리에 도달함이다. 이 점에서 키에르케고르의 철학은 헤겔의 철학에 반대하여 구축되었다기보다 자체의 자율적인 태도에 의해 정반대의 입장을 취하게 된 것이다. 키에르케고르의 철학은 대립의 철학이 아니라 어떤 **입장을 표명하는** 철학이다. 즉 급진적인 기독교 메시지의 철학이다.

2. 실존주의의 '아버지'

키에르케고르의 후대는 소위 말하는 **실존주의**와 관련된다. 이 용어는 엄격한 의미에서 철학을 의미했다기보다 제2차 세계대전의 종식과 더불어 해방을 맞은 파리 지식인들의 자유분방한 생활 양식을 가리킨다. 그것을 명확히 규정짓기는 매우 어렵지만, 다양한 사상가 및 작품을 생각해 볼 수 있다. 즉 가브리엘 마르셀, 장 폴 사르트르, 자크 마리탱, 알베르 카뮈, 엠마뉘엘 무니에, 시몬 드 보부아르 및 《존재와 무》 같은 작품, 프리 타부(Prix Tabou)와 같은 행사이다. 누가, 무엇을, 정확히 어떤 의도에서 말했는지 사람들은 알려고 하지 않는다. 대중의 상상 속에서 실존주의는 흔히 카페 플로르에서 생-제르맹-데-프레의 그늘을 오가는 생활 양식을 의미한다. 그리고 '존재'의 모든 영역——관습, 글쓰기, 전통적 도덕——에서 완전한 자유를 실현시키고자 하는 삶이다. 그것은 무엇보다 자유의 철학으로서, 사르트르의 표현을 빌리면 **'사람들이 그들 자신의 자유를 직시하기'**를 바란다. 자유의 움직임인 실존주의는 부르주아 가치에 대한 거부를 대변한다. 또한 제2차 세계대전을 치르고 자각하게 된 피할 수 없는 책임감을 대변한다. 있는 그대로는 받아들일 수 없는 세계, 이 세계의 변화를 위해 각자가 책임을 져야 하는 것이다. 책임감과 변화라는 두 구심점으로부터 두 가지 경향이 도출된다. 첫째는 체계에 견주어 개인의 중요성을 요구하는 경향이다. 즉 키에르케고르의 철학을 지지하는 경향, 요컨대 다양한 종교적 실존주의를 포함하는 경향이다. 둘째는 참여의 경향이다. 여기서는 **여러 경향**에 대해 말해야 할 것 같다. 즉 보리스 비앙과 줄리에트 그레코 같은 이들이 대변한, 재즈 음악을 바탕으로 발전한 경향들이다. 이 실존주의를 낭만주의가 가미된 '문화적 분위기'로 요약하기 위해, 진정한 낭만주의자인 알프레드 드 뮈세에게로 눈길을 돌려 보자.

"젊은이들에게 주어지는 삶은 세 가지 요소로 구분된다. 그들 뒤에는 절대로 파괴되지 않는 과거가 있어, 절대주의 시대의 온갖 케케묵은 것들과 함께 그 폐허 위에서 여전히 동요하고 있다. 그리고 그들 앞에는 드넓은 지평선의 새벽이 있어, 미래의 첫 동이 튼다. 그리고 이 두 세계 사이에 (…) 현시대가 있다. 다시 말해 과거와 미래를 분리시키는, 과거도 미래도 아닌 것, 양자를 동시에 닮은 것, 그리고 매걸음마다 우리가 종자 위를 걷는지 잔해 위를 걷는지 알 수 없는 지점이다. 바로 이런 혼돈 속에서 우리는 선택을 해야 했었다."[1]

실존주의는 많은 경우에 이같은 선택의 표현이었다.

3. 철학으로서의 실존주의

앞서 보았듯이 키에르케고르와 더불어 사고하는 사람 및 개인의 존재 양식이 철학적 반성의 근본 대상이 되었다. 철학의 대상은 철학적인 문제를 탐구하는 주체와 끊임없이 점점 더 동일화되어 간다. 따라서 죽음·절망·불안·자유·유한성이 의식·개성·진리의 구축에 있어서 가장 중요한 역할을 맡는다. 키에르케고르는 헤겔을 반박하며, 구체적인 개인을 거의 무시하다시피 하는 '체계'와 철학의 환상을 비난했다. 이론상의 진리와 정신적인 고통의 체

---

1) 알프레드 드 뮈세, 《금세기 아이의 고백》, 제2장.

험을 통해 힘겹게 획득된 진리 사이에는 큰 차이가 있다고 그는 보았다. 인간은 변증법의 필연적 움직임에 의해 결정지어진 형이상 학적·사변적 존재가 아니라 구체적·우발적 존재이다. 따라서 이 사실을 고려하지 않을 수 없으며, 철학도 거기서 출발점을 찾아야 한다. 형이상학은 필연성과 충족 이유의 원칙에 부합하는 반면, 존 재는 무엇보다 **가능성**으로서 개인에게 드러난다. 이 가능성 속에서 철학의 객체와 주체가 일체를 이루기 때문이다. 그러므로 가능성 (이 말에 내포된 연약함, 방황, 공포, 전율의 모든 의미와 함께)을 통 해 삶과 맞서고, 삶에 대해 숙고해야 한다.

키에르케고르의 사상을 '실존주의 사상'이라고 부르는 이유를 지금까지 간략히 요약해 보았다. 또 우리 시대에 실존주의라는 철 학적 조류가 형성됨에 있어서 키에르케고르의 사상이 어떻게 참 조되었는지도 살펴보았다.

그렇다면 '실존철학'이라는 말은 **존재에 대한 분석과 사고로서** 제시되고 발전해 나가는 온갖 형태의 사유로 이해되어야 한다. 더 나아가 실존주의는, 인간을 객관화하여 왜소하게 만들거나 총체적 인 체계 혹은 전체 속에 용해시키려는 일체의 시도에 맞서는 철학 이기도 하다. 이 점에서 키에르케고르의 정신적 유산이 더한층 부 각된다.

실존주의는 세상 속에서 인간이 존재하는 양식을 문제삼는다. 이런 의미에서 그것은 자기 성찰과 깊이의 철학이며 심리학, 나아 가 정신분석학과도 무관하지 않다. 그런데 실존주의는 세상에서 인간이 존재하는 양식을 검토하는 만큼 자연히 '세상' 자체를 문 제삼게 된다. 즉 **어떻게** 인간이 세상과 관계하며, 어떤 식으로 세상이 그의 앞에 모습을 드러내는지를 동시에 발견코자 하는 철학이다. 이 이중의 물음이 실존주의가 낳은 다양한 경향들의 시초에 있다. 세상에서의 존재 양식에 주로 관심을 갖는다는 점에서 실존주의는 '휴머니즘'이 된다. 여기서도 물론 사르트르와 카뮈의 무신론적 실존주의에서 베르자예프 혹은 셰스토프의 종교적 실존주의에 이르기까지, 매우 다양한 경향과 조류가 형성되지만 말이다. 그리고 세상과의 관계가 강조된다는 점에서 진정한 형이상학(하이데거)으로 발전되는 '현상학적' 실존주의가 생겨난다. 이 경우에는 이론의 여지없이 에드문트 후설(1859-1938)이 키에르케고르만큼이나 중요한 역할을 맡는다.

그러나 실존주의의 발전을 두고 볼 때 키에르케고르에게 제자리를 찾아 주어야 할 필요가 있다. 개인은, 나·타인·세계와의 관계로서 인식된 체험의 현실이라는 것, 인간 존재는 끝없이 의문에 부쳐진다는 것, 그는 자신의 자유 및 존재의 가능성과 겨루는 투기(投企)[실존철학의 용어, 즉 현실에 내던져져 능동적으로 미래를 향해 자신을 내맡기는 것]의 존재라는 것, 이것이 실존주의라고 본다면, 사르트르에게 미친 그의 영향력은 명백하다. "실존주의는 휴머니즘이다"가 행동과 참여의 철학을 제시한다는 점에서 그렇다. 이 경우 니체·도스토예프스키·카프카 같은 작가나 철학가들은 분명 실존주의의 선조들이다. 그러나 사르트르를 《존재와 무》에 나타나는 추상적 사변만으로 규정짓는다면, 키에르케고르 역시 하이데거의 배후로 사라진다.

하이데거에서 키에르케고르에 이르는 매우 복잡한 관련성의 연구는 긴 설명을 요할 것이다. 그러나 하이데거는 《존재와 시간》에서 키에르케고르를 단 세 차례 언급했다는 사실만 지적하도록 하자. 그것도 오직 헤겔과의 대립이라는 관점으로 격하시켜서, 또 존재를 이해하는 존재론적 기초가 미약하다는 점을 꾸짖기 위해서였다. 그는 키에르케고르의 저서 중 가장 훌륭한 것이 《교훈적 담화》라고 결론짓는다. 하지만 우리는 두 사람이 지닌 사고의 유사성을 지적하지 않을 수 없다. 말하자면 '불안'에 관한 설명(《존재와 시간》 §40), '진정한 삶'(하이데거의 '일반인'과 키에르케고르의 '대중'), '도약'(라이프니츠의 《이성의 원칙》에 대한 하이데거의 중요한 강연)을 예로 들 수 있다. 마찬가지로 《휴머니즘에 대한 서간》 (1947) 마지막 부분의 설명을 조심스레 읽을 필요가 있다. 거기서 하이데거——사르트르의 면모가 뚜렷이 엿보이는——는 자신의 저서에 대한 어떤 실존론적 해석도 거부한다. 그러나 이런 실존론적 해석이, 존재론을 구축코자 한 그의 작업(analyse existentiale)[2][하이데거 고유의 철학 용어로서, 하이데거는 이같은 존재론적 분석을 통해서만 존재에 대한 이해가 가능하다고 보았다]에 반드시 누가 되지는 않는다. 키에르케고르 역시 나름대로 거기에 도달했음을 앞서 지적한 바 있다.(본서 III.9 참조)

키에르케고르를 차츰 높이 평가하게 된 엠마뉘엘 레비나스(키에르케고르에 관한 훌륭한 저서들을 내놓기도 한)는 이 점에서 하이데거에 대해 반대 의사를 피력했다. 1947년, 니콜라이 베르자예프 · 조르주 귀르비치 · 알렉상드르 코이레 · 모리스 드 강디약 · 가브리엘 마르셀 · 장 발이 참가한 토론회에서 그는 다음과 같이 주장한다.

---

2) 하이데거가 말하는 '실존'의 개념에 대해서는 J.-M. 살란스키의 《하이데거》(Figures du Savoir, 1997, pp.16-17) 참조.

　"여러분은 '누가 실존주의자인가?' 하는 질문을 제기했습니다. 그리고 도처에서 실존주의자들을 발견할 수 있었습니다. 키에르케고르와 파스칼 이전에 셰익스피어, 더 멀리는 소크라테스에게도 실존주의가 있습니다. 그런가 하면 그것은 아무데도 없기도 합니다. 누구나 자신이 실존주의자라는 사실을 부인하기 때문입니다…….

　아마도 유일한 실존주의자 혹은 존재의 철학자가 있다면……. 그 사람은 키에르케고르도, 니체도, 소크라테스도 아니라는 점을 인정해야 할 것입니다……. 이 실존주의자는 바로 실존주의라는 용어를 거부하는 사람, 하이데거 자신입니다. 왜 그럴까요? 그건 하이데거의 형이상학적 저서가 어떤 빛을 던져 주기 때문이지요. 이 빛에 의지해 우리는 과거의 어둠 속에 숨어 있는 듯싶은 실존주의를 발견합니다. 이것은 키에르케고르에게도 해당됩니다. **하이데거의 말 한마디 한마디 뒤에 키에르케고르가 존재할 수도 있습이다.** 바로 하이데거 덕분에 키에르케고르의 주장들이 철학적 울림을 갖게 되었습니다. 말하자면 하이데거 이전의 키에르케고르는 시론과 심리학, 심미학, 혹은 철학이나 문학……의 차원에 머물렀지요.

　이같은 변화는 무엇을 의미할까요? 하이데거의 저서는 무엇을 말하고 있습니까?

　……비장하다고 부를 만한 사고들을 기준점들이 되도록 하는 것입니다. 즉 이례적으로 명료한 힘을 지녔으며, 철학 교수들의 범주에 들어가는 기준점들로서 플라톤·아리스토텔레스·칸트·헤겔을 예로 들 수 있겠습니다."[3]

---

3) 실존주의, 불안과 죽음, 《인내의 훈련》 n° 3-4(1982년 봄), 하이데거, **p.**25.

　총체적인 논거를 고려치 않더라도, 하이데거의 확인이 있기 전에 키에르케고르는 이미 철학자였음을 우리는 이미 증명했다고 생각한다. 그렇다면 하이데거가 키에르케고르에게 품었던 호감의 범위도 추정해 볼 수 있겠다.

　키에르케고르에 대한 전문적인 연구는 제쳐두고라도 그의 사상이 구체적으로 독창적인 철학 저술에 어떻게 사용되고 있는지에 관심을 갖는다면, 바로 카를 바르트(1886-1968)에게서 '키에르케고르의 재생'을 목격할 수 있다. 독일에서 교수직을 맡고 있다가 나치즘의 도래 이후 스위스(발)로 거처를 옮긴 바르트는 《성 바울의 서신에 대한 주석》(1919)——아마도 그가 쓴 가장 의미심장한 저서인——에서 키에르케고르를 분명히 참고로 하고 있다. 바르트는 키에르케고르에게서 네 가지 기본 요소를 빌려 온다. 즉 인간·하나님 관계의 절대적 초월성, 시간과 영원의 차이, 믿음이 주조를 이루는 엄격한 종교, 시간 속으로 침투하는 영원이라는 **순간**의 개념이다. 바르트는 시간과 영원의 무한한 질적 차이를 상기시킨다. 인간은 시간적인 제약들과 유한성·죽음과 겨루며 땅 위에 산다. 반면 하나님은 영원과 무한성을 누리며 '하늘'에 산다. 성서는 다름 아닌 이 유한한 인간과 영원한 하나님 사이에 맺어지는 관계의 역사이다. 오직 절대적인 초월성의 관계 속에서만 유지되는 하나님(절대자)과 인간의 관계가 있다. 이 관계를 객관화하여 설명하고 해석하려는 일체의 시도는, 본질적으로 제한되고 유한한 인간 상황의 한계 속에서만 가치를 지닌다. 하나님과의 관계를 이해한다는 것은 불가능하다. 좀더 정확히 말하면 그 불가능성 속에서만 이해될 수 있다. (요컨대 하나님과의 관계가 객관적·지적으로 이해 가능하다면, 신앙이 무슨 소용이 있는가?) 어떤 이해도 인간 이성의 한계들로 인해 제한될 수밖에 없기 때문에 **사실상** 하나님에게 도달하리라 기대할 수는 없다. 종교 자체는 하나님에게 도달할 수 없다. 그보다는 인간으로 하여금 죄인인 자신의 상황을 인식하게끔 돕는다. 종교는 인간이 자신의 과오와 유한성, 허무, 가능성의 한계를 인식하도록 부추기면서 바르트가 말한 **구원**의 위기를 준비한다. 종교는 의무 사항을 부과하며, 결코 휴식이 아니다. 이 구원의 위기는, 시간 속으로 파고든 영원이자 기적적인 계시인 키에르케고르의 **순간**과도 유사하다.

바르트의 신학은 키에르케고르 철학에 대한 수많은 언급에도 불구하고 엄격한 의미에서 '존재에 대한 분석'이 아니다. 바르트는 시간적 존재를 설명코자 애쓰지 않으면서 순간의 개념을 사용했다. 그리고 루돌프 불트만(1884-1976)이 이 점을 집중적으로 파고들어, 키에르케고르로부터 큰 영향을 받지 않으면서도 종교적 옹호를 위해 실존주의의 한 형태를 발전시켰다.

카를 야스퍼스(1883-1969) 역시 이같은 '키에르케고르의 재생'에 참여했다. 키에르케고르는 특히 과오와 자유의 개념 및 의사소통의 문제에 있어 야스퍼스의 관심을 끌었다. 야스퍼스는 자아의 이례적이고 유일무이한 성격 및 우연성에 대해 말한다. 존재는 언제나 내 자신의 것이다. 즉 역사적인 상황에 의해 규정되며, 반복되지 않고, 독자적이며 확고부동한 것, 그 자체로서 **이례적인** 것이다. (여기서 우리는 키에르케고르의 모티프를 발견한다.) 야스퍼스는 자아와 그가 처한 현실 사이의 일치를 암시했는데, 이런 그의 소신대로라면 철학은 세계 속에서 자아의 위치를 분명히 하기 위해 애써야 한다. 자아와 그가 처한 상황 간의 이같은 일치는 야스퍼스가 말하는 자아의 근본적인 **과오**를 규정짓는다.

자아가 그 자신과 맺는 관계의 차후 발전 양상들은, 앞서 키에르케고르에게서 볼 수 있었던 절망의 분석과도 무관하지 않다. '자아'는 이례적인 성격을 띠기에 또한 연약하며, 가능성과 **우연성**을 지닌다. 다시 말해 그렇게 되거나 되지 않을 수 있으며, 혹은 다른 것이 될 수도 있다는 말이다. 그러므로 존재한다는 것은 어찌 보면 위험을, 즉 **가능성**이 내포하는 위험을 받아들이는 것이다. 무언가를 원하고 선택하는 **자유**에 내포된 위험이다. 그러나 이같은 가능성이 실제로는 불가능성이라고 야스퍼스는 생각한다. 왜냐하면 내가 처한 역사적 상황에 의해 '나'는 이미 선택되고 제한된 존재이기 때문이다. 따라서 본질적으로 자유는 내 자신의 운명을 받아들임이다. 즉 '**본래의 네 자신이 되라**'고 한 니체의 명령을 실현시킴이다. 그러므로 진리는 '존재 속에 내가 처한 상황'에 대한 해명과 관련이 있는 듯싶다. 그런데 나의 것임과 동시에 내 자신의 우연적·제한적인 상황과 연관된 이 내밀한 진리가 변질되지 않고 언어로 옮겨질 수 있을까? 야스퍼스 역시 실존적 진리가 전달될 수 있는지, 또 어떻게 전달되는지 물었다. 주관적 진리의 전달에 대한 그의 반성은 외면과 내면의 불일치 및 비밀·의사소통에 대한 키에르케고르의 반성을 여러모로 닮아 있다.

프랑스에서는, 앞서 언급한 사르트르의 무신론적 실존주의와 함께, 성 아우구스티누스와 파스칼을 읽고 영향을 받은 '기독교' 사상가들——가브리엘 마르셀(1889-1973)·자크 마리탱(1882-1973)·엠마뉘엘 무니에(1905-1950)로 대표되는——의 실존주의가 있었다.

1925년경 가브리엘 마르셀이 '기독교적 실존주의'라는 용어를 받아들여——잇달아 이 용어를 포기하게 되지만——1920,30년대에 그 대변자로 부각된다. 무엇보다 그의 사상은 대중이 접할 수 있는 문학 장르(연극과 신문)를 통해 표현되었기 때문이다. 하나님과 자아의 문제가 객관적으로, 다시 말해 이성적인 증명과 분석으로 해결될 수 있다는 생각을 거부하면서 가브리엘 마르셀은 실존주의 사고에 결부된다.(《형이상학적 일기》, 1927) 그런데 키에르케고르에게 바쳐진 이 소책자에서 우리가 가브리엘 마르셀에 대해 특히 기억해야 할 점은 양자택일의 개념이다. 즉 소유냐 존재냐의 양자택일을 두고(《존재와 소유》, 1935) 인간은 결단을 내려야 하는 것이다. 객관화·소유·기술의 세계 속에 자신의 존재를 기입하든지, 아니면 존재의 신비한 세계 속에서 그 책임을 떠맡으려 하든지 간에 말이다. '인간의 죽음'을 예고한 구조주의와 이미 '신의 죽음'을 예고했던 니체의 사상이 승리를 구가하던 시기에 가브리엘 마르셀은 세상을 뜬다. 그러나 그가 관심을 가졌던 주제들을 폴 리쾨르와 엠마뉘엘 레비나스가 계속 다루어 나가게 된다.

엠마뉘엘 무니에는, 1932년 《에스프리》지의 창간과 더불어 목소리를 내기 시작한 사회주의 가톨릭의 대표적 인물들 가운데 한 명이다. 무니에는 **인격주의** 운동을 벌이며, 타인과 하나님을 향한 개방성인 자유롭고 초월적인 인격에 대한 가치 부여를 기반으로 한 사회 혁신을 추구한다. 그것은 물질적 필요성 및 그 발전을 지탱하는 집단적 장치들보다 인간을 우위에 둔다. 이 점에서 '체계'에 맞서는 한편 내면 생활을 제도화된 기독교로 축소시키는 데 반대했던 키에르케고르를 상기시킨다. 그렇긴 해도 무니에는 개인주의 및 의사소통 개념을 반박함으로써 키에르케고르로부터 거리를 두게 된다. 이것은 사회주의 가톨릭이 지니는 정치적 관심과 결부된 것이었다. 이 시대를 보다 총체적으로 파악코자 한다면 반드시 읽어야 할, 오늘날에도 여전히 흥미를 끄는 《실존주의 입문》(1946)이라는 책에서 무니에는 힘주어 말한다. **"향후 우리의 의무는 키에르케고르와 마르크스를 화해시키는 것"**이라고. 이렇게 해서 그는 키에르케고르가 현대 사상의 발전에 있어 중심 인물들 가운데 하나임을 증명한 셈이다.

그런데 두 명의 러시아 철학자가 표방하는 종교적 실존주의를 언급하지 않고 실존주의에 대해 말할 수는 없을 것이다. 즉 레온 세스토프(1866-1938)와 니콜라이 베르자예프(1874-1948)인데, 두 사람 모두 키에르케고르의 영향을 받았다.

후설을 통해 뒤늦게 키에르케고르의 철학을 접하게 된 레온 세스토프에게 있어서 철학의 목표는 미지의 상황 속에서 살기를 배우는 것이다. 종합을 시도하는 체계적 사고와 순전히 이론적인 문화에 대해 반발했던 세스토프는, 오직 삶만이 생활의 지혜를 가르칠 수 있다는 생각을 피력한다. 그리고 그 역시 키에르케고르처럼 철학과 문학을 결합시킨다. 따라서 우리는 그의 저서들 속에서 키에르케고르가 관심을 가졌던 주제들을 재발견한다. 이를테면 욥이나 아브라함 같은 인물들 및 〈창세기〉에 한없이 매료당한 점이 그렇다. 예루살렘과 아테네의 대립[히브리적 사유와 그리스적 사유의 대립]을 제시하면서 단호히 전자를 선택했던 세스토프는 자신들의 운명에 끝까지 충실한 이런 엄격한 삶을 요구한다. 즉 **여하**

한 합리적 해결책의 가능성도 사전에 배제하며 세상에 질문을 던지는 삶이기도 하다.

니콜라이 베르자예프는 관념주의의 본고장인 독일에서 학업을 마친 뒤 인간과 그의 존엄성, 존재의 비극에 중심을 둔 철학적 사고를 전개시키는데, 이 과정에서 도스토예프스키라는 거목과 나란히 키에르케고르가 중요한 자리를 차지하게 된다.(《존재에 대한 다섯 가지 명상》, 1936) 이렇게 정신적 혁신과 문화 활동에 10년 이상 투신한 그는 1922년에 조국을 떠나지 않을 수 없었으며, 그후 베를린 · 파리에 정착한다. 《인간의 목적지에 대하여》라는 저서에서는 윤리학을 자유의 철학으로 삼으면서, 뿌리 뽑힌 러시아 사상에 있어 '추방'이 어느 정도까지 키에르케고르의 반성을 **현실화**시키고 있는지 보여 준다. 인간을 객관화시켜 취급하거나 물질주의 속에 가두어두기는 불가능하다는 사실을 그는 키에르케고르에게서 배운다.

우리는 또한 미구엘 드 우나무노(1864-1936)라는 이름을 언급할 수 있다. 그의 저서 《삶의 비극적 감정》(1913)에는 일체의 추상적 · 객관적 진리에 대한 거부 및 궁극적인 확신 · 신앙 · 삶이 얼마나 부서지기 쉬운 것인지에 대한 느낌이 들어 있다. 또한 불멸성의 문제에 대한 입장도 발견되는데, 이는 키에르케고르가 다룬 주제들을 상기시키는 실존주의 철학의 특징들이다.

한편 마르크스주의 경향에서는 게오르크 루카치(1885-1971)가 《소설 이론》(1920)이라는 저서에서, 키에르케고르에게 빚진 바를 공공연히 인정하고 있다. 루카치는 자신이 헤겔과 헤겔의 역사적 변증법에 적용한 방식을 '키에르케고르화'라고 부르기까지 한다.

에른스트 블로흐(1885-1997)는 헤겔 비판에서 체계의 정신에 대한 키에르케고르의 반박을 재반성한다. 그리고 인간과 세계를 변증법적 과정의 순간들로 축소시키는 것을 문제삼는다. 그런가 하면 '프랑크푸르트학파'를 대표하는 인물들 가운데 한 명인 T. W. 아도르노(1903-1969)는 자신의 첫번째 책에서 키에르케고르를 다룬다.(《키에르케고르와 심미학의 구축》, 1933) 그러면서 개인과 절대자의 관계를, 절망한 주체를 마침내 사로잡고 마는 초월성의 관계로 제시한다.

한편 신학의 영역에서 폴 틸리히(1886-1965)는 키에르케고르의 변증법적 심리학을 발견하며 느낀 전율과 함께 현대 신학 사상에 미친 키에르케고르의 영향을 명시한다. 불안에 대한 틸리히의 풍부하고도 탁월한 성찰은 키에르케고르의 성찰을 훌륭히 완성시켜 놓았는데, 이것은 후자와의 풍성한 대화를 통해 이루어지고 있다. 그런가 하면 마르틴 부버(1878-1965)는 비교종교학의 영역에서, 키에르케고르가 의미하는 '개인' 및 이 개인이 절대자와 맺는 관계로부터 강한 영감을 얻는다.

그리고 한스 게오르크 가다머가 대변하는 해석학(철학에 있어서 해석의 역할에 대해 반성하는 학문적 방법)의 사조가 키에르케고르에 대한 입장을 표명했다. 세상을 이해하기 위해 매번 다른 방식을 요하는 **도약**의 개념을 키에르케고르가 강조했다면, 가다머는 우리 존재의 직조를 이루는 해석학적 연속성(다시 말해 해석)의 원칙을 옹호한다.

물론 블라디미르 얀켈레비치(1903-1985)를 빼놓을 수 없다. 체계를 갖추지 않은, 분류하기 어려운 이 철학자는 "일찍부터 키에르케고르에 대한 관심을 보였다. (키에르케고르가 프랑스에 거의 알려져 있지 않던 시기부터였다.) 그의 박사 논문 제목이 〈셸링의 후기 철학에 나타난 의식의 오디세이아〉였던 점으로 미루어 보건대, 우선 기술적인 이유로 인한 관심이었으리라 추측된다. 셸링에 대해 키에르케고르가 양면적인 태도를 취했다 해도 두 사람을 따로 떼어 생각하기는 불가능하다. 당시 지배적 조류였던 헤겔주의에 대한 관점 및 이 헤겔주의에 맞서 싸웠다는 점에서 두 사람은 일치하기 때문이다. 또 얀켈레비치의 멋진 표현을 빌려 도식적인 용어를 쓴다면, 두 사람 모두 **체계**를 **서술**로 대치시키고자 하는 유사한 의지를 보였다. 키에르케고르는 소크라테스를 끊임없이 결부시키며 아이러니의 문제에 대해 박사 논문을 썼다. 얀켈레비치역시 소크라테스를 중심으로 아이러니에 대한 책을 썼으며, 아이러니·시간·죽음·사랑이 유지하는 복잡한 관계에 대해 지속적인 질문을 던졌다."[4]

얀켈레비치는 키에르케고르와 매우 흡사하여 간접적인 의사 소통의 문제에 민감했으며, 언어로는 불완전하게밖에 표현될 수 없는 것은 추측토록 하면서 음악에 대해 쓴다. 그의 저서로는 〈아이러니〉〈죽음〉〈돌이킬 수 없는 것과 노스탤지어〉〈미완성의 몫〉이 있다.

---

4) 엘렌 폴리티, 《키에르케고르적인 얀켈레비치, 혹은 마음의 순결》, L'Arc n° 75(1979), pp.76-77.

4. 참여의 유산

　다양한 경향을 띤 실존주의의 구심점들 가운데 하나는, **상황** 속에 있는 인간을 제시한다는 사실이다. 즉 끊임없이 다른 개인들 사이에 존재하는 인간이다. 이 인간이 처한 삶은 종종 적의에 차 있고, 해결해야 할 문제를 제기하며, 불안과 소외감을 일으키는가 하면, 도전으로 다가오기도 한다. 역사적·시간적 환경 속에서 뛰어놀고, 투쟁하고, 도전하는 것, 이것이 인간의 조건이다. 이처럼 인간의 조건이 **상황**으로서 모험이자 도전이라면, 결과적으로 그것은 **행동**이며, 곧 자기 자신으로부터 나와 과감하게 세상과 부딪치는 것이다. 그것은 마음 편한 운명주의도, 지복의 명상도 아닌 **참여**이다. 참여는 탄생의 정신적 외상이며, 말하자면 선택이 아니라 **소여 사항**이다. 그러므로 그것은 행동을 통해 드러나야 하는 이상으로서, 또한 어떤 품행으로 표출되어야 하는 현존 원칙들로서, 개인에 의해 취해지고 주제화되고 해석되어야 한다. 이 개인이 말하고 생각할 수 있으려면 말이다. 그럴 수 없다면 그는 영원히 마비 상태로 남아 있어야 할 것이다(복음서에서 말하는, 천국이 이미 약속된 '마음이 가난한 자'). 그것이 반드시 **육화**(肉化)해야 하는 것도 이 때문이다.

　키에르케고르의 경우에도 중요한 것은 기독교가 아니라 **기독교인이 되는 것**, 그 과정이다. 즉 어떻게 기독교인이 되는지, 기독교의 신앙과 이상이라는 끔찍한 요구가 '육화'에 사로잡히고 박해당하는 인간의 삶에서 어떻게 그 형태와 표현 방식을 찾을 수 있는지가 중요하다. 참여란 우리를 초월하는 진리에 도달하기 위해, 우리의 이해를 넘어서는 개념을 위해 사는 것이다. 참여란 자기 자신을 전면적이고 유보 없이 결과를 보장할 수 없는 내기와 신조에 내맡기는 것이다. '초월성'의 부름에 응해서. 그러므로 참여는 사명이자 소명, 현재 진행중인 행진이다. 예컨대 키에르케고르가 세상과의 타협이라는 이유로 뮌스테르 주교를 비난하며, 시민들로부터 사랑과 존경을 받는 인물의 명성을 기독교 진리의 이름으로 공격했을 때, 이것은 유보 없는 참여를 통해 스스로를 위태롭게 하는 행동이었다. 존재의 진리는 항상 빈축을 사게 마련이며, 이 진리를 발설한 자에게 반드시 보복을 가해 온다. 그것은 안심할 만한 거리에 있는 대상에 대한 담론이지만은 않다. 이 진리는 단지 **말로 전달되는** 것이 아니라 **체험되는** 것으로서, 인간이 자신이 가진 것에 상관없이 응해야 하는 도전이다. 키에르케고르는 《순간》에 전력하며 거기에 자기 자신을 지나치게 투신했으며, 그로 인해 죽는다. 그가 진리를 옹호해 싸울 때 그랬듯이 이번에도 전면적인 참여였다.

"1) 증인이 되기, 2) 권위를 행사하기, 3) 그리고 자신의 생명을 바치기, 다시 말해 결과를 기꺼이 받아들이기."(*Pap*. X^3 A 288)

존재에 대한 단순한 명상에서는 개인의 삶이 일정한 거리에서 냉정하게 분석된다. **내면 생활이 기계 장치처럼** 분석되는 것이다. 그러나 실존주의가 그 이상인 것은, 바로 이 전면적인 참여 때문이다. 도전으로서의 참여는 주어진 여건 너머로 나아가려는 의지,

절대 다수의 의견——절대 다수의 의견이라는 바로 이 점에서 의
심스러운——을 무시하려는 의지이다. 이런 특정한 각도에서 볼
때 다양한 경향의 실존주의는 인간의 조건을 완성코자 하는(그 역
설적인 성격에 있어서) 똑같은 의지의 표현으로서 제시된다. 여기
서 개인은 자신이 항상 여러 가능성 가운데 선택하지 **않을 수 없
으며**, 이 의무 자체가 자신의 자유를 구성한다는 사실을 발견한다.
실존주의가 자유의 구체적인 실현을 인간 조건의 궁극적 완성으로
제시하는 것도 이 때문이다.

　이렇게 볼 때 참여는 쇠렌 키에르케고르가 모더니티에 남긴 가
장 소중한 유산들 가운데 하나이다.

5. 맺음말

　지금까지 키에르케고르의 철학을 일람했으며, 이제 간략하게 이
글을 맺고자 한다. 키에르케고르를 다른 철학자들로부터 구별짓
는 가장 큰 특징은 인간의 **파토스**를 정당한 철학적 **주제**로 격상시
켜 거기에 위엄과 새로운 위상을 부여했다는 것이다.

　구체적으로(한계 및 고통을 포함해) 접근되고 보여지고 묘사된 인
간의 자아, 이 자아는 어떤 지표도 '사용법'도 모르는 채 삶이라는
준(準)물질계와 겨루기도 한다. 선택을 해야 하지만, 그에게는 올
바른 혹은 그릇된 선택을 할 자유가 있으며, 그 대가를 치른다. 그
리고 자아를 **미화하는** 교만한 정서들의 유혹에 굴복하여, 막다른

길에 이르기까지 이 정서들을 남용한다. 빚을 지든지 과오를 범하든지 간에 그는 늘 세상 및 타인들에게 **연류되어** 있다. 그는 또한 고통받는 인간-하나님의 형태——광휘 속에 나타나지만 곧 사라지고 마는——로 그에게, 그를 위해 온 초월성의 **개인적인** 부름을 받고 있다. 그는 자신 안에 머무를 수 없지만, 공들여 만들어지기를 기다리는 유일무이한 독자적 진리를 발견하기 위해 그곳으로 돌아와야 한다.

여기에 한 사람이 있다고 하자. 체계적인 사고(헤겔의 경우는 사변적-역사적 사고, 마르크스의 경우는 경제적-정치적 사고)에 따라 규정될 때 이 사람은 하찮은 무엇일 수도 있다. 그러나 키에르케고르는 이 사람에게 발언권을 주며, 단호하게 다음의 사실을 상기시킨다. 우선 주체는 하나의 순간도, 셈의 단위도 아니라는 것, 그리고 타인들과의 관계가 사물과의 관계를 토대로 형성되어서는 안 된다는 것이다. 또 이 관계는 지식으로 규정되지 않으며, 개념 혹은 기술에 의한 지배도 아니라는 것, 다시 말해 올바른 관계는 **책임**일 수밖에 없다는 것이다.

그리스가 지혜의 유일한 원천은 아니며, 아테네 곁에 위풍당당한 황금의 예루살렘이 우뚝 솟아 있음을 키에르케고르는 상기시켰다.

참고 문헌

I. 키에르케고르의 저작과 일기 · 유고 전집

1. Søren Kierkegaards Samlede Vaerker, Anden Udgavne I-XV, Kφ benhaven, 1920-1936(전집 제2판).

I. II. 《이것이냐 저것이냐》(1843).

III. 《두 편의 교훈적 담화》(1843), 《두려움과 떨림》(1843), 《반복》(1843), 《세 편의 교훈적 담화》(1843).

IV. 《네 편의 교훈적 담화》(1843), 《두 편의 교훈적 담화》(1844), 《세 편의 교훈적 담화》(1844), 《철학적 단편들》(1844), 《불안의 개념》(1844).

V. 《서문》(1844), 《네 편의 교훈적 담화》(1844), 《숙고된 기회에 즈음한 세 편의 담화》(1845).

VI. 《인생 행로의 제 단계》(1845).

VII. 《철학적 단편들에 대한 비학문적인 마지막 후서》(1846).

VIII. 《문학 평론》(1846), 《여러 정신에서 본 교훈적 담화》(1847).

IX. 《사랑의 역사》(1847).

X. 《그리스도교 강화》(1848), 《위기와 한 여배우의 삶에 닥친 하나의 위기》(1848).

XI. 《들의 백합, 공중의 새》(1849), 《두 편의 윤리-종교적 소론》(1849), 《죽음에 이르는 병》(1849), 《대제사장, 세리, 여자 죄인》(1849).

XII. 《그리스도교의 훈련》(1850), 《교훈적 담화》(1850), 《금요일 성찬식을 위한 두 편의 담화》(1851), 《자아의 시련을 위하여》(1851-52).

XIII. 《신문 논설문》(1834-36), 《아직도 살아 있는 자의 수기》(1838), 《소크라테스와의 지속적 연관성 속에서 본 아이러니의 개념》(1841), 《신문 논설문》(1842-51), 《나의 저술 활동에 대하여》(1851), 《나의 저술 활동에 대한 해설적 관점》(1848).

XIV. 《신문 논설문》(1854-55), 《이것은 말해져야 하며, 그러므로 말한다》(1855), 《순간》(1855).

XV. 《색인과 용어 풀이》.

2. Søren Kierkegaards Papirer, Anden Udgavne I-XI 3 København 1909-1948, XII-XVI. 1969-1978(일기와 유고집, 제2판).

II. 키에르케고르에 관한 저서

[프랑스에서 출간된 도서]

Brézis David, 《Temps et présence, essai sur la conceptualité kierke-gaardienne》, Vrin, 1991.

Caron J., 《Angoisse et communication chez Søren Kierkegaard》, Odense Univerity Press, Odense, 1993.

Cauly O., 《Kierkegaard》, P.U.F.(Que sais-je?), Paris, 1991.

Chestov L. 《Kierkegaard et la philosophie existentielle, Vox clamantis in deserto》, Paris, 1936.

Clair A., 《Kierkegaard. Existence et éthique》, P.U.F., Paris, 1997.

Colette J., 《Histoire et absolu. Essai sur Kierkegaard》, Paris, 1972.

Grimault M., 《Kierkegaard》, Seuil, Paris, 1978.

Gusdorf G., 《Kierkegaard》, Paris, 1963.

Vergote H. B., 《Sens et répétition. Essai sur l'ironie kierkegaardienne (2vol.), Paris, 1982.

Viallaneix N., 《Écoute Kierkegaard》, Paris, 1979.

Wahl J., 《Études Kierkegaardiennes》, Aubier(rééd. Vrin), Paris, 1938.

Collectif, 《Kierkeggard vivant》, Gallimard, Paris, 1966.

[국내 도서]

표재명, 《키에르케고어의 단독자 개념》, 서광사.

표재명, 《키에르케고어 연구》, 지성의샘.

임병덕, 《키에르케고르의 간접 전달》, 성경재.

김종두, 《키에르케고르의 실존 사상과 현대인의 자아 이해》, 엠애드.

월터 라우리, 《키에르케고르, 생애와 사상》, 임춘갑 역, 종로서적.

발터 니그, 《쇠렌 키에르케고르》, 강희영 역, 분도출판사.

패트릭 가디너, 《키에르케고르》, 임규정 역, 시공사.

로널드 만하이머, 《키에르케고르의 교육 이론》, 이홍우 외 역, 교육과학사.

페테 로데, 《키에르케고르, 코펜하겐의 고독한 영혼》, 임규정 역, 한길사.

III. 인터넷에서 찾을 수 있는 정보

— 키에르케고르의 인터넷 주소: http://www.webcom. com/sk/wel-come.html

— 쇠렌 키에르케고르 협회(노르웨이): http://www.uio.no/~holt/sks-eng.html

— 키에르케고르의 웹 도서관(덴마크): http://www.webcom.com/sk

이 사이트에서는 키에르케고르 사상에 대한 토론 그룹에 참여할 수 있다.

— The International Kierdegaard Newsletter:

http://www.utas.edu.au/docs/humsoc/kierkegaard/newsletter.htlm

키에르케고르에 대한 최근 연구 동향 파악을 위해 도움이 된다. 예를 들면 키에르케고르학회를 통해 이루어진 작업들 및 전세계 대학에서 열린 강연과 세미나, 출판, 전기, 신문 기사 및 잡지, 논문 등이 소개되어 있다.

역자 후기

주체가 진실이다.

고통 없는 삶은 가짜이다.

존재는 내면성이며 비밀이다.

　이것이 키에르케고르를 읽으며 끊임없이 마주치게 되는 명제입니다. 그는 실존주의의 아버지로 불리며, 기독교 신자이건 아니건 후대의 여러 사상가들이 그의 영향을 받았습니다. 인간을 객관화하여 왜소하게 만들거나 총체적인 체계 혹은 전체 속에 용해시키려는 일체의 시도에 맞서는 철학을 실존주의라고 한다면, 이 점에서 키에르케고르의 정신적 유산은 분명합니다. 이러한 그의 철학의 두 가지 축은 국가 교회에 대한 대적과 헤겔 철학과의 싸움이라고 할 수 있겠는데, 결국 이 둘은 하나의 방향을 지향합니다. 헤겔 철학에서 발견되는 현실과 철학적 사변 간의 괴리와 똑같은 괴리를 그는 삶과 제도화된 기독교 교조 사이에서 목격했기 때문입니다.

　오늘날 기독교 실존주의의 대변자로 여겨지는 키에르케고르이지만 실상은 평생(42세로 마감된) 기독교 공동체에 맞서 싸웠으며, 교회에 등을 돌렸고, 약혼녀와의 파혼을 감행했고, 교회의 가장 명망 있는 지도자(뮌스테르)와 맞섰으며, 임종의 자리에서 교회가 주는 종부 성사를 거절하고, 심지어 주교였던 형과의 만남까지 거절했습니다. 그는 사교적 인간이 아니었고, 그 누구보다 저술에 자신의 생명을 소진했지만 결코 생계를 위해 일한 적이 없는 경솔한 인간으로서, 그가 받은 상당한 유산 중에 임종시 남은 것이라고는 장례식을 치를 비용 정도였지요. 모든 것이 그의 '사명'을 위해 희생되었습니다. 십자가를 제거한 기독교는 기독교가 아니며, 기독교인임을 당연한 무엇으로 간주할 수 없음을 강조하면서 기독교인들의 환상을 드러내는 데 모든 노력이 집중되었던 것이지요. 생의 마지막으로 갈수록 이같은 그의 노력은 더욱 노골적이고 극단적인 모습을 띠어 갑니다. 그렇더라도 1846년, 이미 그는 그때까지의 실존 양식과 가명에 의한 저작 활동을 종결짓고 한적한 시골 교회의 목사가 되어 순전히 종교적인 문제에 전념하겠다는 생각을 했다는 사실 역시 기억해야 합니다. 키에르케고르의 전기 작가 월터 라우리에 따르면, 그가 1848년에 완성한 《그리스도교의 훈련》을 1850년에야 발표한 이유는, 이 책을 본명으로 발표할 경우 자신이 그런 진정한 그리스도인임을 자처하게 되는 것은 아닐까, 망설였기 때문이라고 합니다. 기독교가 잃어버린 기독교의 이상을 그가 선포한 것은, 사람들 모두가 순교자가 되어야 한다는 주장을 하기 위해서가 아니었습니다. 그보다는 우리가 이 이상을 온전히 실현치 못하고 있음을 고백하고 스스로에게 성실해짐으로써 자신이 그리스도인이라는 착각과 기만에서 깨어나, 궁극적으로는 하나님 앞에서 성실해지도록 하기 위해서였습니다. 그의 저술이 담고 있는 신랄한 어투도 이런 각도에서 이해되어야 할 것입니다.

비평을 곁들인 전기를 평전이라 한다면, 샤를 르 블랑의 《키에르케고르》는 평전이라기보다 키에르케고르의 방대한 저서와 사상 속으로 들어가도록 도와 주는 입문서에 가까운 책입니다. 키에르케고르의 삶에 대해서는 제I부에서 몇 가지 중심 사건들이 언급될 뿐(아버지와의 관계, 레기네와의 약혼 및 파혼 등), 주로 그의 전체 저작을 통해 드러나는 주요 개념들에 대한 설명에 많은 부분이 할애되며, 최종적으로 현대와의 연결선상에서 그의 사상이 조명되고 있습니다. 저자는 키에르케고르가 모더니티에 남긴 소중한 유산들 가운데 하나로서 '참여'를 듭니다. 즉 우리를 초월하는 진리를 위해, 자기 자신을 전면적이고 유보 없이, 결과를 보장받지 못하는 내기와 신조에 내맡기는 것이지요. 또한 키에르케고르를 다른 철학자들로부터 구별짓는 가장 큰 특징으로서, 인간의 파토스를 정당한 철학적 주제로 격상시켜 거기에 위엄과 새로운 위상을 부여했음을 지적합니다. 이렇게 본다면 저자의 말대로, 기독교를 믿지 않는 이들에게도 키에르케고르를 이해할 수 있는 길이 열린다고 하겠습니다.

그러나 지금까지 키에르케고르에 대한 반대 입장도 만만치 않았습니다. 교회 내부에서는, 키에르케고르가 살던 당시 마르텐센이 그랬듯이, "오늘날에는 이미 그런 피비린내나는 진리의 증인은 필요 없다. 진리의 증인이 사는 방법은 시대에 따라서 다르다"라고 반박하는 입장도 강합니다. 그런가 하면 그에게서 금욕주의적 윤리, 고립된 개별성, '우리'에 대한 배제, 타자와의 공동 관계를 불가능하게 만드는 태도를 발견하거나, 인간을 비사회화·비역사화했다는 비판이 일기도 했지요. 본서에도 언급되었듯이 스타로빈스키처럼, "이웃의 얼굴을 통해 하나님의 얼굴이 예시된다고 씌어진 성서의 또 다른 텍스트들도 있는데, 이것을 키에르케고르가 등한시했다"라는 지적을 할 수 있을지도 모릅니다.

하지만 대중의 횡포, 전체주의의 횡포가 그 어느때보다도 심각해진 오늘날, '주체가 진실이다'라는 그의 명제에 공감하지 않을 수 없습니다. (흔히 '주체성(subjectivité)이 진실이다'라고 번역되는 이 문장에서 subjectivité는 주관성·주체성·주관·자아를 의미하는 단어지만, 본 역서에서는 '객관적 실체'를 의미하는 objectivité의 대응어로서, 객관에 대한 '주관적 자아'를 뜻하는 '주체'로 옮겼습니다.) 대중 사회에서 잊기 쉬운 사실, 즉 주체는 셈의 단위가 아니며, 타인들과의 관계가 사물과의 관계를 토대로 형성되어서는 안 된다는 점, 올바른 관계는 책임일 수밖에 없다는 단언이 절실한 울림으로 다가옵니다. "세대의 급무는 민중·대중을 집단의 힘으로 결집시키는 일이 아니라, 거꾸로 그것을 하나님 앞의 단독자로 해체하는 일이며, 이 단독자를 새로운 출발점으로 하여 참된 공동체를 이루는 것이다"라고 키에르케고르는 말합니다. 여기서 말하는 단독자는 특별한 재능과 탁월함을 지닌 존재라는 의미가 아니라, **모든 사람**이 그런 존재가 **될 수 있고** 또 **되어야만 한다**는 의미에서의 단독자입니다. 생활에 관계되는 상대적인 목표들 속에서도 절대적인 목표를 잃지 않는 방식으로 훈련받은 단독자이지요. 이 부분에서 제겐 본회퍼의 《옥중 서간》 한 구절이 떠오릅니다. "(게슈타포에게 체포되어) 이곳에 온 이래 나는 그리스도교의 현세성을 깊이 배우고 이해했습니다. 종교적 인간이 아니라 **단순한 한 사람**이 곧 그리스도인입니다. 예수님이 세례 요한과는 달리 단순한 사람이었듯이 말입니다. 물론 나는 이 경우 계몽주의자들과 근로인들 혹은 안일을 구하는 자들과 호색하는 자들의 저속하고 천박한 현세성을 바라는 것이 아니라 죽음과 부활의 인식이 항상 현재하는 엄격한 기율로서의 깊은 현세성을 생각하고 있습니다." 본서의 저자 샤를 르 블랑은 그리스 사상에 맞서는 히브리적 지혜를 언급하며 글을 맺는데, 제게 떠오르는 본회퍼의 한 글귀는 이렇습니다. "부를 수 없는 구약의 하나님의 이름을 알 때에만 오히려 예수 그리스도의 이름을 부를 수 있으리라 생각됩니다. (…) 지나치게 쉽게 그리고 직접적으로 신약적이려고 하는 사람은 내 생각에 그리스도인이 아니라고 해도 좋을 것 같습니다."(1943년 12월 서한) '신앙은 정열이다' 라고 한 키에르케고르의 말을 상기하지 않을 수 없는 대목입니다.

우연히 시작하게 된 키에르케고르 독서로, 번역된 내용을 불투명하게나마 이해해 보려고 한 자 한 자 더듬던 시절이 있었습니다. 임춘갑 번역으로 종로서적에서 나온 도서들이었고, 이것들은 제 책장 가장 중요한 자리에 꽂혀 있었지요. 이번에 《키에르케고르》를 번역하며 이 책들을 다시 들여다볼 기회를 가졌습니다. 오래전 책 구석구석에 적어둔 메모도 새롭게 발견하면서……. 키에르케고르를 읽는 것은 마치 백내장 환자가 수술을 받는 것과도 흡사한 경험입니다.

샤를 르 블랑의 《키에르케고르》는 그 목차를 통해서도 짐작해 볼 수 있듯이, 키에르케고르 사상의 주요 테마들 및 현대와의 관련성을 단순 명료하게 객관적으로 소개하고 있는 책입니다. 그리 많지 않은 쪽수지만 키에르케고르의 중심 사상 및 논점들이 풍부히 다루어져 있습니다. 키에르케고르의 개별 도서에 심취해 본 적이 있는 독자라면 이 책을 읽으며 다시 한번 생각을 정리해 수 있을 테며, 그를 아직 읽지 않은 독자에게 이 책은 그의 세계 속으로 들어가기 위한 안내서가 되어 줄 것입니다. 아쉬운 점이 있다면, 키에르케고르 저작들의 한국어 번역이 총체적인 모습을 갖추지 못한 채 단편적으로만 서점에 나와 있다는 사실입니다. 제가 예전에 읽었던 역서들도 현재

절판 상태여서, 찾아 읽으려면 독자 자신의 노력이 요구됩니다. 덴마크어 원전에서의 번역은 아직 요원할 일일까요? 철학사에서도 키에르케고르는 독보적인 존재로서, 어느 철학자보다도 작가로서의 면모와 문체에 주목하지 않을 수 없는 인물입니다. 그렇다면 그에 대한 연구서뿐 아니라, 그의 원저를 체계적으로 정리·번역하는 일이 꾸준히 이루어져야 하리라 봅니다.

2004년 10월 이 창 실

이창실
이화여자대학교 영어영문학과 졸업
프랑스 스트라스부르대학 응용언어학 과정 이수
이화여자대학교 통번역대학원 한불과 졸업
역서: 《글렌 굴드, 피아노 솔로》(미셸 슈나이더)
《누보 로망, 누보 시네마》(클로드 뮈르시아)
《프란츠 카프카의 고독》(마르트 로베르) 등

문예신서
282

키에르케고르

초판발행 : 2004년 10월 20일

東文選

제10-64호, 78. 12. 16 등록
110-300 서울 종로구 관훈동 74
전화 : 737-2795

편집설계 : 李妊彔 李惠允

ISBN 89-8038-510-2 94100
ISBN 89-8038-000-3 (문예신서/세트)

【東文選 現代新書】

1 21세기를 위한 새로운 엘리트　　　　　　FORESEEN 연구소 / 김경현　　　7,000원
2 의지, 의무, 자유 ― 주제별 논술　　　　L. 밀러 / 이대희　　　　　　6,000원
3 사유의 패배　　　　　　　　　　　　A. 핑켈크로트 / 주태환　　　7,000원
4 문학이론　　　　　　　　　　　　　J. 컬러 / 이은경 · 임옥희　　7,000원
5 불교란 무엇인가　　　　　　　　　　D. 키언 / 고길환　　　　　　6,000원
6 유대교란 무엇인가　　　　　　　　　N. 솔로몬 / 최창모　　　　　6,000원
7 20세기 프랑스철학　　　　　　　　　E. 매슈스 / 김종갑　　　　　8,000원
8 강의에 대한 강의　　　　　　　　　P. 부르디외 / 현택수　　　6,000원
9 텔레비전에 대하여　　　　　　　　　P. 부르디외 / 현택수　　　7,000원
10 고고학이란 무엇인가　　　　　　　　P. 반 / 박범수　　　　　　8,000원
11 우리는 무엇을 아는가　　　　　　　T. 나겔 / 오영미　　　　　5,000원
12 에쁘롱―니체의 문체들　　　　　　J. 데리다 / 김다은　　　　7,000원
13 히스테리 사례분석　　　　　　　　S. 프로이트 / 태혜숙　　　7,000원
14 사랑의 지혜　　　　　　　　　　　A. 핑켈크로트 / 권유현　　6,000원
15 일반미학　　　　　　　　　　　　R. 카이유와 / 이경자　　　6,000원
16 본다는 것의 의미　　　　　　　　J. 버거 / 박범수　　　　　10,000원
17 일본영화사　　　　　　　　　　　M. 테시에 / 최은미　　　　7,000원
18 청소년을 위한 철학교실　　　　　A. 자카르 / 장혜영　　　　7,000원
19 미술사학 입문　　　　　　　　　　M. 포인턴 / 박범수　　　　8,000원
20 클래식　　　　　　　　　　　　　M. 비어드 · J. 헨더슨 / 박범수　6,000원
21 정치란 무엇인가　　　　　　　　　K. 미노그 / 이정철　　　　6,000원
22 이미지의 폭력　　　　　　　　　　O. 몽젱 / 이은민　　　　　8,000원
23 청소년을 위한 경제학교실　　　　J. C. 드루엥 / 조은미　　　6,000원
24 순진함의 유혹 〔메디시스賞 수상작〕　　P. 브뤼크네르 / 김웅권　9,000원
25 청소년을 위한 이야기 경제학　　　A. 푸르상 / 이은민　　　　8,000원
26 부르디외 사회학 입문　　　　　　P. 보네위츠 / 문경자　　　7,000원
27 돈은 하늘에서 떨어지지 않는다　　K. 아른트 / 유영미　　　　6,000원
28 상상력의 세계사　　　　　　　　R. 보이아 / 김웅권　　　　9,000원
29 지식을 교환하는 새로운 기술　　A. 벵토릴라 外 / 김혜경　　6,000원
30 니체 읽기　　　　　　　　　　　R. 비어즈워스 / 김웅권　　6,000원
31 노동, 교환, 기술 ― 주제별 논술　　B. 데코사 / 신은영　　　　6,000원
32 미국만들기　　　　　　　　　　　R. 로티 / 임옥희　　　　　10,000원
33 연극의 이해　　　　　　　　　　A. 쿠프리 / 장혜영　　　　8,000원
34 라틴문학의 이해　　　　　　　　J. 가야르 / 김교신　　　　8,000원
35 여성적 가치의 선택　　　　　　　FORESEEN연구소 / 문신원　　7,000원
36 동양과 서양 사이　　　　　　　　L. 이리가라이 / 이은민　　7,000원
37 영화와 문학　　　　　　　　　　R. 리처드슨 / 이형식　　　8,000원
38 분류하기의 유혹 ― 생각하기와 조직하기　G. 비뇨 / 임기대　　7,000원
39 사실주의 문학의 이해　　　　　　G. 라루 / 조성애　　　　　8,000원
40 윤리학―악에 대한 의식에 관하여　A. 바디우 / 이종영　　　7,000원
41 흙과 재 〔소설〕　　　　　　　　A. 라히미 / 김주경　　　　6,000원

168 세계화의 불안	Z. 라이디 / 김종명	8,000원
169 음악이란 무엇인가	N. 쿡 / 장호연	10,000원
170 사랑과 우연의 장난 〔희곡〕	마리보 / 박형섭	근간
171 사진의 이해	G. 보레 / 박은영	근간
172 현대인의 사랑과 성	현택수	9,000원
173 성해방은 진행중인가?	M. 이아쿠브 / 권은희	근간
174 교육은 자기 교육이다	H. -G. 가다머 / 손승남	10,000원
300 아이들에게 설명하는 이혼	P. 루카스·S. 르로이 / 이은민	8,000원
301 아이들에게 들려주는 인도주의	J. 마무 / 이은민	근간
302 아이들에게 설명해 주는 죽음	E. 위스망 페렝 / 김미정	근간
303 아이들에게 들려주는 선사시대 이야기	J. 클로드 / 김교신	8,000원
304 아이들에게 들려주는 이슬람 이야기	T. 벤 젤룬 / 김교신	8,000원

【東文選 文藝新書】

1 저주받은 詩人들	A. 뻬이르 / 최수철·김종호	개정근간
2 민속문화론서설	沈雨晟	40,000원
3 인형극의 기술	A. 훼도토프 / 沈雨晟	8,000원
4 전위연극론	J. 로스 에반스 / 沈雨晟	12,000원
5 남사당패연구	沈雨晟	19,000원
6 현대영미희곡선(전4권)	N. 코워드 外 / 李辰洙	절판
7 행위예술	L. 골드버그 / 沈雨晟	절판
8 문예미학	蔡 儀 / 姜慶鎬	절판
9 神의 起源	何 新 / 洪 熹	16,000원
10 중국예술정신	徐復觀 / 權德周 外	24,000원
11 中國古代書史	錢存訓 / 金允子	14,000원
12 이미지 — 시각과 미디어	J. 버거 / 편집부	12,000원
13 연극의 역사	P. 하트놀 / 沈雨晟	절판
14 詩 論	朱光潛 / 鄭相泓	22,000원
15 탄트라	A. 무케르지 / 金龜山	16,000원
16 조선민족무용기본	최승희	15,000원
17 몽고문화사	D. 마이달 / 金龜山	8,000원
18 신화 미술 제사	張光直 / 李 徹	10,000원
19 아시아 무용의 인류학	宮尾慈良 / 沈雨晟	20,000원
20 아시아 민족음악순례	藤井知昭 / 沈雨晟	5,000원
21 華夏美學	李澤厚 / 權 瑚	15,000원
22 道	張立文 / 權 瑚	18,000원
23 朝鮮의 占卜과 豫言	村山智順 / 金禧慶	15,000원
24 원시미술	L. 아담 / 金仁煥	16,000원
25 朝鮮民俗誌	秋葉隆 / 沈雨晟	12,000원
26 神話의 이미지	J. 캠벨 / 扈承喜	근간
27 原始佛敎	中村元 / 鄭泰爀	8,000원
28 朝鮮女俗考	李能和 / 金尙憶	24,000원

29 朝鮮解語花史(조선기생사)	李能和 / 李在崑	25,000원
30 조선창극사	鄭魯湜	17,000원
31 동양회화미학	崔炳植	18,000원
32 性과 결혼의 민족학	和田正平 / 沈雨晟	9,000원
33 農漁俗談辭典	宋在璇	12,000원
34 朝鮮의 鬼神	村山智順 / 金禧慶	12,000원
35 道敎와 中國文化	葛兆光 / 沈揆昊	15,000원
36 禪宗과 中國文化	葛兆光 / 鄭相泓·任炳權	8,000원
37 오페라의 역사	L. 오레이 / 류연희	절판
38 인도종교미술	A. 무케르지 / 崔炳植	14,000원
39 힌두교의 그림언어	안넬리제 外 / 全在星	9,000원
40 중국고대사회	許進雄 / 洪 熹	30,000원
41 중국문화개론	李宗桂 / 李宰碩	23,000원
42 龍鳳文化源流	王大有 / 林東錫	25,000원
43 甲骨學通論	王宇信 / 李宰碩	40,000원
44 朝鮮巫俗考	李能和 / 李在崑	20,000원
45 미술과 페미니즘	N. 부루드 外 / 扈承喜	9,000원
46 아프리카미술	P. 윌레뜨 / 崔炳植	절판
47 美의 歷程	李澤厚 / 尹壽榮	28,000원
48 曼茶羅의 神들	立川武藏 / 金龜山	19,000원
49 朝鮮歲時記	洪錫謨 外/李錫浩	30,000원
50 하 상	蘇曉康 外 / 洪 熹	절판
51 武藝圖譜通志 實技解題	正 祖 / 沈雨晟·金光錫	15,000원
52 古文字學첫걸음	李學勤 / 河永三	14,000원
53 體育美學	胡小明 / 閔永淑	10,000원
54 아시아 美術의 再發見	崔炳植	9,000원
55 曆과 占의 科學	永田久 / 沈雨晟	8,000원
56 中國小學史	胡奇光 / 李宰碩	20,000원
57 中國甲骨學史	吳浩坤 外 / 梁東淑	35,000원
58 꿈의 철학	劉文英 / 河永三	22,000원
59 女神들의 인도	立川武藏 / 金龜山	19,000원
60 性의 역사	J. L. 플랑드렝 / 편집부	18,000원
61 쉬르섹슈얼리티	W. 챠드윅 / 편집부	10,000원
62 여성속담사전	宋在璇	18,000원
63 박재서희곡선	朴栽緒	10,000원
64 東北民族源流	孫進己 / 林東錫	13,000원
65 朝鮮巫俗의 硏究(상·하)	赤松智城·秋葉隆 / 沈雨晟	28,000원
66 中國文學 속의 孤獨感	斯波六郎 / 尹壽榮	8,000원
67 한국사회주의 연극운동사	李康列	8,000원
68 스포츠인류학	K. 블랑챠드 外 / 박기동 外	12,000원
69 리조복식도감	리팔찬	20,000원
70 娼 婦	A. 꼬르벵 / 李宗旼	22,000원

71	조선민요연구	高晶玉	30,000원
72	楚文化史	張正明 / 南宗鎭	26,000원
73	시간, 욕망, 그리고 공포	A. 코르뱅 / 변기찬	18,000원
74	本國劍	金光錫	40,000원
75	노트와 반노트	E. 이오네스코 / 박형섭	20,000원
76	朝鮮美術史硏究	尹喜淳	7,000원
77	拳法要訣	金光錫	30,000원
78	艸衣選集	艸衣意恂 / 林鍾旭	20,000원
79	漢語音韻學講義	董少文 / 林東錫	10,000원
80	이오네스코 연극미학	C. 위베르 / 박형섭	9,000원
81	중국문자훈고학사전	全廣鎭 편역	23,000원
82	상말속담사전	宋在璇	10,000원
83	書法論叢	沈尹默 / 郭魯鳳	16,000원
84	침실의 문화사	P. 디비 / 편집부	9,000원
85	禮의 精神	柳肅 / 洪熹	20,000원
86	조선공예개관	沈雨晟 편역	30,000원
87	性愛의 社會史	J. 솔레 / 李宗旼	18,000원
88	러시아미술사	A. I 조토프 / 이건수	22,000원
89	中國書藝論文選	郭魯鳳 選譯	25,000원
90	朝鮮美術史	關野貞 / 沈雨晟	30,000원
91	美術版 탄트라	P. 로슨 / 편집부	8,000원
92	군달리니	A. 무케르지 / 편집부	9,000원
93	카마수트라	바짜야나 / 鄭泰爀	18,000원
94	중국언어학총론	J. 노먼 / 全廣鎭	28,000원
95	運氣學說	任應秋 / 李宰碩	15,000원
96	동물속담사전	宋在璇	20,000원
97	자본주의의 아비투스	P. 부르디외 / 최종철	10,000원
98	宗敎學入門	F. 막스 뮐러 / 金龜山	10,000원
99	변 화	P. 바츨라빅크 外 / 박인철	10,000원
100	우리나라 민속놀이	沈雨晟	15,000원
101	歌訣(중국역대명언경구집)	李宰碩 편역	20,000원
102	아니마와 아니무스	A. 융 / 박해순	8,000원
103	나, 너, 우리	L. 이리가라이 / 박정오	12,000원
104	베케트연극론	M. 푸크레 / 박형섭	8,000원
105	포르노그래피	A. 드워킨 / 유혜련	12,000원
106	셀 링	M. 하이데거 / 최상욱	12,000원
107	프랑수아 비용	宋勉	18,000원
108	중국서예 80제	郭魯鳳 편역	16,000원
109	性과 미디어	W. B. 키 / 박해순	12,000원
110	中國正史朝鮮列國傳(전2권)	金聲九 편역	120,000원
111	질병의 기원	T. 매큐언 / 서 일 · 박종연	12,000원
112	과학과 젠더	E. F. 켈러 / 민경숙 · 이현주	10,000원

155	프랑스사회사	G. 뒤프 / 박 단	16,000원
156	중국문예심리학사	劉偉林 / 沈揆昊	30,000원
157	무지카 프라티카	M. 캐넌 / 김혜중	25,000원
158	불교산책	鄭泰爀	20,000원
159	인간과 죽음	E. 모랭 / 김명숙	23,000원
160	地中海(전5권)	F. 브로델 / 李宗旼	근간
161	漢語文字學史	黃德實·陳秉新 / 河永三	24,000원
162	글쓰기와 차이	J. 데리다 / 남수인	28,000원
163	朝鮮神事誌	李能和 / 李在崑	근간
164	영국제국주의	S. C. 스미스 / 이태숙·김종원	16,000원
165	영화서술학	A. 고드로·F. 조스트 / 송지연	17,000원
166	美學辭典	사사키 겡이치 / 민주식	22,000원
167	하나이지 않은 성	L. 이리가라이 / 이은민	18,000원
168	中國歷代書論	郭魯鳳 譯註	25,000원
169	요가수트라	鄭泰爀	15,000원
170	비정상인들	M. 푸코 / 박정자	25,000원
171	미친 진실	J. 크리스테바 外 / 서민원	25,000원
172	디스탱숑(상·하)	P. 부르디외 / 이종민	근간
173	세계의 비참(전3권)	P. 부르디외 外 / 김주경	각권 26,000원
174	수묵의 사상과 역사	崔炳植	근간
175	파스칼적 명상	P. 부르디외 / 김웅권	22,000원
176	지방의 계몽주의	D. 로슈 / 주명철	30,000원
177	이혼의 역사	R. 필립스 / 박범수	25,000원
178	사랑의 단상	R. 바르트 / 김희영	근간
179	中國書藝理論體系	熊秉明 / 郭魯鳳	23,000원
180	미술시장과 경영	崔炳植	16,000원
181	카프카—소수적인 문학을 위하여	G. 들뢰즈·F. 가타리 / 이진경	18,000원
182	이미지의 힘—영상과 섹슈얼리티	A. 쿤 / 이형식	13,000원
183	공간의 시학	G. 바슐라르 / 곽광수	23,000원
184	랑데부—이미지와의 만남	J. 버거 / 임옥희·이은경	18,000원
185	푸코와 문학—글쓰기의 계보학을 향하여	S. 듀링 / 오경심·홍유미	26,000원
186	각색, 연극에서 영화로	A. 엘보 / 이선형	16,000원
187	폭력과 여성들	C. 도펭 外 / 이은민	18,000원
188	하드 바디—할리우드 영화에 나타난 남성성	S. 제퍼드 / 이형식	18,000원
189	영화의 환상성	J. -L. 뢰트라 / 김경온·오일환	18,000원
190	번역과 제국	D. 로빈슨 / 정혜욱	16,000원
191	그라마톨로지에 대하여	J. 데리다 / 김웅권	35,000원
192	보건 유토피아	R. 브로만 外 / 서민원	20,000원
193	현대의 신화	R. 바르트 / 이화여대기호학연구소	20,000원
194	중국회화백문백답	郭魯鳳	근간
195	고서화감정개론	徐邦達 / 郭魯鳳	30,000원
196	상상의 박물관	A. 말로 / 김웅권	26,000원

197	부빈의 일요일	J. 뒤비 / 최생열	22,000원
198	아인슈타인의 최대 실수	D. 골드스미스 / 박범수	16,000원
199	유인원, 사이보그, 그리고 여자	D. 해러웨이 / 민경숙	25,000원
200	공동 생활 속의 개인주의	F. 드 생글리 / 최은영	20,000원
201	기식자	M. 세르 / 김웅권	24,000원
202	연극미학—플라톤에서 브레히트까지의 텍스트들	J. 셰레 外 / 홍지화	24,000원
203	철학자들의 신	W. 바이셰델 / 최상욱	34,000원
204	고대 세계의 정치	모제스 I. 핀레이 / 최생열	16,000원
205	프란츠 카프카의 고독	M. 로베르 / 이창실	18,000원
206	문화 학습—실천적 입문서	J. 자일스 · T. 미들턴 / 장성희	24,000원
207	호모 아카데미쿠스	P. 부르디외 / 임기대	근간
208	朝鮮槍棒敎程	金光錫	40,000원
209	자유의 순간	P. M. 코헨 / 최하영	16,000원
210	밀교의 세계	鄭泰爀	16,000원
211	토탈 스크린	J. 보드리야르 / 배영달	19,000원
212	영화와 문학의 서술학	F. 바누아 / 송지연	22,000원
213	텍스트의 즐거움	R. 바르트 / 김희영	15,000원
214	영화의 직업들	B. 라트롱슈 / 김경온 · 오일환	16,000원
215	소설과 신화	이용주	15,000원
216	문화와 계급—부르디외와 한국 사회	홍성민 外	18,000원
217	작은 사건들	R. 바르트 / 김주경	14,000원
218	연극분석입문	J. -P. 링가르 / 박형섭	18,000원
219	푸코	G. 들뢰즈 / 허 경	17,000원
220	우리나라 도자기와 가마터	宋在璇	30,000원
221	보이는 것과 보이지 않는 것	M. 퐁티 / 남수인 · 최의영	30,000원
222	메두사의 웃음/출구	H. 식수 / 박혜영	19,000원
223	담화 속의 논증	R. 아모시 / 장인봉	20,000원
224	포켓의 형태	J. 버거 / 이영주	근간
225	이미지심벌사전	A. 드 브리스 / 이원두	근간
226	이데올로기	D. 호크스 / 고길환	16,000원
227	영화의 이론	B. 발라즈 / 이형식	20,000원
228	건축과 철학	J. 보드리야르 · J. 누벨 / 배영달	16,000원
229	폴 리쾨르—삶의 의미들	F. 도스 / 이봉지 外	근간
230	서양철학사	A. 케니 / 이영주	29,000원
231	근대성과 육체의 정치학	D. 르 브르통 / 홍성민	20,000원
232	허난설헌	金成南	16,000원
233	인터넷 철학	G. 그레이엄 / 이영주	15,000원
234	사회학의 문제들	P. 부르디외 / 신미경	23,000원
235	의학적 추론	A. 시쿠렐 / 서민원	20,000원
236	튜링—인공지능 창시자	J. 라세구 / 임기대	16,000원
237	이성의 역사	F. 샤틀레 / 심세광	근간
238	朝鮮演劇史	金在喆	22,000원

【기 타】

■ 오늘 다 못다한 말은　　　　　　이외수 편　　　　　　　　　7,000원
■ 오블라디 오블라다, 인생은 브래지어 위를 흐른다　무라카미 하루키 / 김난주　7,000원
■ 이젠 다시 유혹하지 않으련다　P. 쌍소 / 서민원　　　　　　9,000원
■ 인생은 앞유리를 통해서 보라　B. 바게트 / 박해순　　　　　5,000원
■ 자기를 다스리는 지혜　　　　　한인숙 편저　　　　　　　10,000원
■ 천연기념물이 된 바보　　　　　최병식　　　　　　　　　　7,800원
■ 原本 武藝圖譜通志　　　　　　　正祖 命撰　　　　　　　　60,000원
■ 테오의 여행 (전5권)　　　　　　C. 클레망 / 양영란　　　각권 6,000원
■ 한글 설원 (상·중·하)　　　　　임동석 옮김　　　　　　각권 7,000원
■ 한글 안자춘추　　　　　　　　　임동석 옮김　　　　　　　8,000원
■ 한글 수신기 (상·하)　　　　　　임동석 옮김　　　　　　각권 8,000원

【이외수 작품집】

■ 겨울나기　　　　　　　　　　　창작소설　　　　　　　　　7,000원
■ 그대에게 던지는 사랑의 그물　에세이　　　　　　　　　　8,000원
■ 그리움도 화석이 된다　　　　　시화집　　　　　　　　　　6,000원
■ 꿈꾸는 식물　　　　　　　　　　장편소설　　　　　　　　　7,000원
■ 내 잠 속에 비 내리는데　　　　에세이　　　　　　　　　　7,000원
■ 들 개　　　　　　　　　　　　　장편소설　　　　　　　　　7,000원
■ 말더듬이의 겨울수첩　　　　　에스프리모음집　　　　　　7,000원
■ 벽오금학도　　　　　　　　　　장편소설　　　　　　　　　7,000원
■ 장수하늘소　　　　　　　　　　창작소설　　　　　　　　　7,000원
■ 칼　　　　　　　　　　　　　　장편소설　　　　　　　　　7,000원
■ 풀꽃 술잔 나비　　　　　　　　서정시집　　　　　　　　　6,000원
■ 황금비늘 (1·2)　　　　　　　　장편소설　　　　　　　각권 7,000원

【조병화 작품집】

■ 공존의 이유　　　　　　　　　　제11시점　　　　　　　　　5,000원
■ 그리운 사람이 있다는 것은　　제45시집　　　　　　　　　5,000원
■ 길　　　　　　　　　　　　　　애송시모음집　　　　　　10,000원
■ 개구리의 명상　　　　　　　　　제40시집　　　　　　　　　3,000원
■ 그리움　　　　　　　　　　　　애송시화집　　　　　　　　7,000원
■ 꿈　　　　　　　　　　　　　　고희기념자선시집　　　　10,000원
■ 따뜻한 슬픔　　　　　　　　　　제49시집　　　　　　　　　5,000원
■ 버리고 싶은 유산　　　　　　　제1시집　　　　　　　　　3,000원
■ 사랑의 노숙　　　　　　　　　　애송시집　　　　　　　　　4,000원
■ 사랑의 여백　　　　　　　　　　애송시화집　　　　　　　　5,000원
■ 사랑이 가기 전에　　　　　　　제5시집　　　　　　　　　4,000원
■ 남은 세월의 이삭　　　　　　　제52시집　　　　　　　　　6,000원
■ 시와 그림　　　　　　　　　　　애장본시화집　　　　　　30,000원
■ 아내의 방　　　　　　　　　　　제44시집　　　　　　　　　4,000원
■ 잠 잃은 밤에　　　　　　　　　제39시집　　　　　　　　　3,400원

| ■ 패각의 침실 | 제 3시집 | 3,000원 |
| ■ 하루만의 위안 | 제 2시집 | 3,000원 |

【세르 작품집】

■ 동물학	C. 세르	14,000원
■ 블랙 유머와 흰 가운의 의료인들	C. 세르	14,000원
■ 비스 콩프리	C. 세르	14,000원
■ 세르(평전)	Y. 프레미옹 / 서민원	16,000원
■ 자가 수리공	C. 세르	14,000원

【동문선 주네스】

■ 고독하지 않은 홀로되기	P. 들레름 · M. 들레름 / 박정오	8,000원
■ 이젠 나도 느껴요!	이사벨 주니오 그림	14,000원
■ 이젠 나도 알아요!	도로테 드 몽프리드 그림	16,000원

東文選 現代新書 81

영원한 황홀

파스칼 브뤼크네르

김웅권 옮김

"당신은 행복해지기 위해 사는가?"

당신은 왜 사는가? 전통적으로 많이 들어온 유명한 답변 중 하나는 "행복해지기 위해서 산다"이다. 이때 '행복'은 우리에게 목표가 되고, 스트레스가 되며, 역설적으로 불행의 원천이 된다. 브뤼크네르는 그러한 '행복의 강박증'으로부터 당신을 치유하기 위해 이 책을 썼다. 프랑스의 전 언론이 기립박수에 가까운 찬사를 보낸 이 책은 사실상 석 달 가까이 베스트셀러 1위를 지켜내면서 프랑스를 '들었다 놓은' 철학 에세이이다.

"어떻게 지내십니까? 잘 지내시죠?"라고 묻는 인사말에도 상대에게 행복을 강제하는 이데올로기가 숨쉬고 있다. 당신은 행복을 숭배하고 있다. 그것은 서구 사회를 침윤하고 있는 집단적 마취제다. 당신은 인정해야 한다. 불행도 분명 삶의 뿌리다. 그 뿌리는 결코 뽑히지 않는다. 이것을 받아들일 때 당신은 '행복의 의무'로부터 해방될 것이고, 행복하지 않아도 부끄럽지 않게 될 것이다.

대신 저자는 자유롭고 개인적인 안락을 제안한다. '행복은 어림치고 접근해서 조용히 잡아야 하는 것'이다. 현대인들의 '저속한 허식'인 행복의 웅덩이로부터 당신 자신을 건져내라. 그때 '빛나지도 계속되지도 않는 것이 지닌 부드러움과 덧없음'이 당신을 따뜻이 안아 줄 것이다. 그곳에 영원한 만족감이 있다.

중세에서 현대까지 동서의 명현석학과 문호들을 풍부하게 인용하는 저자의 깊은 지식샘, 그리고 혀끝에 맛을 느끼게 해줄 듯 명징하게 떠오르는 탁월한 비유 문장들은 이 책을 오래오래 되읽고 싶은 욕심을 갖게 한다. 독자들께 권해 드린다.　　　　　　　　— 조선일보, 2001. 11. 3.

東文選 文藝新書 241

부르디외 사회학 이론

루이 핀토

김용숙 · 김은희 옮김

부르디외가 추천한 부르디외 사회학 해설서

본서는 수년전 부르디외가 한국을 방문하였을 적에 그에게 자신의 이론을 가장 잘 해설한 책을 한권 추천해달라고 부탁해서 한국 독자들에게 소개하게 된 책이다.

저술의 원칙이 되는 본질적인 행위들을 제시하고, 지성적 맥락을 재구성하며, 인류학이자 철학적인 영역을 명시하는 것이 루이 핀토의 글이 갖는 목적으로, 그의 연구는 단순한 주해서를 넘어서서 이러한 저술이 제안하는 교훈을 총망라한다.

피에르 부르디외의 이론은 결코 객관주의나 과학만능주의가 아니며, 관찰자의 특권을 중시하는 과학적 실천의 중심부의 성찰을 함축한다. 그의 이론은 사회 세계나 우리 스스로에게 향한 우리의 시각을 변화시키는 지적 수단을 제공하고 있다. 이런 의미에서 그의 이론은 개인적이자 보편적인 사물들을 파악하게 하고, 우리가 하는 유희와 그 이해 관계, 그리고 모르던 것을 인정하는 데 필요한 저항들을 이해하는 데에 도움을 주는 사회 분석의 작업이다.

사회 질서는 심층에 묻힌 신념들과 객관적 구조를 따르므로, 사회학은 사회 세계의 정치적 비전을 반드시 갖고 있다. 사회학은 우리에게 유토피아 정신과 질서의 사실적 인식을 연결하는 것을 가르쳐 준다.

사회학자이자 철학자인 루이 핀토는 국립과학연구소(**CNRS**)의 소장직을 맡고 있다. 그의 연구는 언론, 문화, 지성인과 철학 등을 다루고 있다.

東文選 文藝新書 211

토탈 스크린

장 보드리야르

배영달 옮김

　우리 사회의 현상들을 날카로운 혜안으로 분석하는 보드리야르의 《토탈 스크린》은 최근 자신의 고유한 분석 대상이 된 가상(현실) · 정보 · 테크놀러지 · 텔레비전에서 정치적 문제 · 폭력 · 테러리즘 · 인간 복제에 이르기까지 현대성의 다양한 특성들을 보여 준다. 특히 이 책에서 보드리야르는 오늘날 우리를 매혹하는 형태들인 폭력 · 테러리즘 · 정보 바이러스와 관련하여 기호와 이미지의 불가피한 흐름, 과도한 커뮤니케이션, 프로그래밍화된 정보를 분석한다. 왜냐하면 현대의 미디어 · 커뮤니케이션 · 정보는 이미지의 독성에 의해 증식되며, 바이러스성의 힘을 지니기 때문이다.

　보드리야르는 현대성은 이미지의 독성과 더불어 폭력을 산출해 낸다고 말한다. 이러한 폭력은 정열과 본능에서보다는 스크린에서 생겨난다는 의미에서 가장된 폭력이다. 그리고 그것은 스크린과 미디어 속에 잠재해 있다. 사실 우리는 미디어의 폭력, 가상의 폭력에 저항할 수가 없다. 스크린 · 미디어 · 가상(현실)은 폭력의 형태로 도처에서 우리를 위협한다. 그러나 우리는 스크린 속으로, 가상의 이미지 속으로 들어간다. 우리는 기계의 가상 현실에 갇힌 인간이 된다. 이제 우리를 생각하는 것은 가상의 기계이다. 따라서 그는 "정보의 출현과 더불어 역사의 전개가 끝났고, 인공지능의 출현과 동시에 사유가 끝났다"고 말한다. 아마 그의 이러한 사유는 사유의 바른길과 옆길을 통해 새로운 사유의 길을 늘 모색하는 데서 비롯된 것일 터이다. 현대성에 대한 탁월한 통찰력을 보여 주는 보드리야르의 이 책은 우리에게 우리 사회의 현상들을 비판적으로 읽게 해줄 것이다.

東文選 文藝新書 201

기식자

미셸 세르

김웅권 옮김

　초대받은 식도락가로서, 때로는 뛰어난 이야기꾼으로서 주인의 식탁에 앉아 식사를 하는 자가 기식자로 언급된다. 숙주를 뜯어먹고 살고, 그의 현재적 상태를 변화시키고 그의 생명을 위태롭게 하는 작은 동물 또한 기식자로 언급된다. 끊임없이 우리의 대화를 중단시키거나 우리의 메시지를 차단하는 소리, 이것도 언제나 기식자이다. 왜 인간, 동물, 그리고 파동이 동일한 낱말로 명명되고 있는가?

　이 책은 우선 이러한 질문에 대한 대답으로서 이미지의 책이고 초상들의 갤러리이다. 새들의 모습 속에, 동물들의 모습 속에, 그리고 우화에 나오는 기이한 모습들 속에 누가 숨어 있는지를 알아서 추측해 볼 필요가 있을 것이다. 크고 작은 동물들이 함께 식사를 하는데, 그들의 잔치는 중단된다. 어떻게? 누구에 의해? 왜?

　미셸 세르는 책의 마지막에서 소크라테스를 악마로 규정한다. 이 소크라테스의 초상에 이르기까지의 긴 ‘산책’이 기식자라는 화두를 중심으로 펼쳐진다. 세르는 기식의 논리를 라 퐁텐의 우화로부터 시작하여 성서·루소·몰리에르·호메로스·플라톤 등의 세계를 섭렵하면서 펼쳐내고 있다. 뿐만 아니라 그는 경제학·수학·생물학·물리학·정보과학·음악 등 다양한 분야를 끌어들여 기식의 관계가 모든 영역에 연결되고 있음을 드러낸다. 특히 루소를 기식자의 한 표상으로 설정하면서 그가 주장한 사회계약론의 배면을 그의 삶과 관련시켜 흥미진진하게 파헤치고 있다.

　기식자는 취하면서 아무것도 주지 않는다. 말·소리·바람밖에 주지 않는다. 주인은 주면서도 아무것도 받지 않는다. 이것이 불가역적이고 되돌아오지 않는 단순한 화살이다. 그것은 우리들 사이를 날아다닌다. 그것은 관계의 원자이고, 변화의 각도이다. 그것은 사용 이전의 남용이고, 교환 이전의 도둑질이다. 우리는 그것으로부터 기술과 사업, 경제와 사회를 구축할 수 있거나, 적어도 다시 생각할 수 있다.